道可道·非常道

阿里巴巴的倒立逻辑

陈广思 陈斐斐 著

浙江大学出版社
ZHEJIANG UNIVERSITY PRESS

序 言 ▶
倒立的隐喻

　　阿里巴巴的"倒立"传统可以追溯到多年前一场突如其来的灾难——"非典"。

　　2003 年,阿里巴巴有一个员工感染了"非典",全公司 500 多名员工不得不回到家中接受隔离。在这个每一个喷嚏、每一声咳嗽都会被疑为"非典"的氛围里,员工们为了保持身体健康,在马云的倡导下每天都坚持做倒立运动,因为这是为数不多的无须借助任何机械设备就可以完成的室内运动之一。"非典"结束后,倒立就成了阿里巴巴所有员工的另一项特长。

　　但是,赋予倒立以更深刻内涵的是马云关于一个时代的记忆。

　　20 世纪 80 年代初期的中国,百废待兴,人们不仅在物质上非常贫乏,而且在思想上也缺乏一种上进和拼搏的激情。那时,20 多岁的马云正如同大多数国内年轻人一样,迷恋于日本偶像连续剧《排球女将》。此时的马云虽然血气方刚、爱出风头,喜欢为同学打抱不平,但是,连续两次的高考失败以及多次应聘工作失败的经历让他的信心深受打击。《排球女将》的主角小鹿纯子永不放弃、顽强拼搏的精神深深打动了他,在寂寥迷惘的人生关头,这个美丽、青春而活泼的异国少女通过屏幕一次又一次地激励着马云,他决定参加第三次高考。多年后,在电子商务上已有所成的马云深沉地回忆起自己的高考年代说:"我觉得她(小鹿纯子)影响了我们这一代人。我看《排球女将》时正读高中准备高考。我觉得是她激励了我们这一代人没有放弃高考。"①

此后20多年,马云一直未忘记《排球女将》和小鹿纯子,他甚至专门去了一趟日本寻找小鹿纯子的扮演者荒木由美子。2003年9月,荒木由美子受邀来访阿里巴巴。马云以《排球女将》中经常出现的倒立动作来迎接他年轻时代的偶像,他要求阿里巴巴的所有员工都提前练习好倒立动作,姿势不限,样式自选。由此,在荒木由美子眼前出现了一个奇怪、好笑但饱含真诚的画面:十几个员工姿势奇异地在她面前倒立,这是一幅她们当年甚至也无法完成的画面。

从此之后,倒立虽然没有成为阿里巴巴迎接客人的独特方式,但却成了每个员工不得不完成的"行政任务",每一个员工每年都必须通过倒立动作的考核,其重要性甚至不低于其他业绩的考核。据说,在很长一段时期内,阿里巴巴每一个新进员工都必须在三个月内学会靠墙倒立,男的必须坚持30秒以上,女的必须坚持10秒以上,否则就得卷铺盖走人。瘦小而单薄的马云本人就是倒立运动的高手,他能够单手倒立数分钟而面不改色。

我们完全可以理解怪杰式的马云这种怪诞的行政要求,他相信,《排球女将》所宣扬的拼搏精神不仅属于他年轻的时代,而且还属于任何一个人的任何一个时代。20多年来的人生浮沉使马云赋予了倒立运动更丰富的文化内涵。

"为什么要倒立? 就是因为太多人跟我说'不可能',淘宝的每个店小二都会倒立,我能单手倒立,我们还能倒立着叠罗汉。"②马云如是说。"不要跟我说不可能!"这是马云倒立文化的直接含义,他的逻辑是:既然我可以做到倒立,

---

① 华胜:《马云传奇》,中国经济出版社2009年版,第24页。
② 华胜:《马云传奇》,中国经济出版社2009年版,第25页。

那么你也完全可以。这种逻辑更高层次的表述是著名的"马云定律":"如果我能成功,那么世界上80%的人都能成功。"①

马云并非 IT 技术科班出身,他原来只是大学里面的一名普通英语教师,与 IT 行业八竿子也打不着,但是,他创造了中国黄页,创造了阿里巴巴,成为中国互联网第一人,比绝大部分科班出身的人在 IT 上的成就都要大。不可否认,在这个奇迹里面,马云的倒立逻辑起到了不可估量的作用。一个人对于自己的潜能是无知的,如果他不首先想方设法去实现他以为不可能完成的事情,而是一开始就退缩畏惧,那么他就永远也不可能超越自我,实现潜能:他已有的能力限制了他的想象,他已获得的成就也就限制了他的未来。

1995 年,对互联网一窍不通的马云在美国首次接触互联网后,就决定辞掉大学英语教师的职位做互联网公司。他说:"刚开始做 Internet,能不能成功我也没信心。只是,我觉得做一件事,无论失败与成功,总要试一试,闯一闯,不行你还可以调头;但是如果你不做,总是走老路子,就永远不可能有新的发展。别说是盲人骑瞎马,我当时可以说是盲人骑瞎虎。"②面对新事物,马云没有对自己说"不可能",他在自己的人生字典里删掉了"不可能"这个字眼,因此也就删掉了限制他想象力的种种因素,他的人生由此处处展示出一幅幅纯粹而源初的图像。在这些图像中,未来被"还原"为纯粹的未来,而不是任何过去的或当下的事物的复制品,由此世界也就以各种不同的、不可想象的甚至不可能的方式不断出现、生成。对马云来说,其中有一幅图像正是一个庞大的电子商务帝国——虽然彼时的马云根本不知什么是互联网,什么是电子商务。

对马云来说,倒立运动还是一种认识世界的新方式。"每个人都要学会倒立,因为当你倒立起来,血液涌进大脑,看世界的角度和平时完全不一样,想问

---

① 《马云:风投也看文凭 我们土八路创业融钱很难》,网易财经,2013 年 11 月 22 日,http://money.163.com/13/1122/11/9E9I3MR000253G87.html。

② 华胜:《马云传奇》,中国经济出版社 2009 年版,第 53 页。

题,也就能够找到一个不可思议的角度。"①

马云这番话在生物学角度来看是否合理,我们不必追究,它至少表明了另一种看世界的角度和方式。或者说,他找到了一种实现梦想的最"直观"方法:用脑袋靠近大地。

角度决定深度,视界决定世界。换一种完全不同的方式看世界,世界也就会以一种完全不同的方式展示出来。古希腊哲学家泰勒斯很少低头走路,而是习惯仰头走路,这种异常的走路方式使他掉进泥坑中,但同时也使他窥探到世界的真正秘密。苹果砸在牛顿的头上,牛顿不是低下头去寻找这个"罪魁祸首",而是抬起头思考是什么力量促使苹果往下掉而不是往上掉。哲学家说,只有当你将未来还原为一种纯粹的可能性时,你才会更为真实、准确地领会到世界的真正面貌。

倒立需要用手甚至用脑袋支撑自己的身体,蕴含于其中的隐喻不是欧阳锋的经脉颠倒移位,而是用以手着地的方式去想象未来、"还原"未来。马云虽然常常天马行空,但很少踏空。他要建立一个影响全世界的电子商务公司,这个公司又必须是一个为中小企业服务的"公众公司",它不追求"高大上",也不追求洋气,而是要做最中国化、本土化甚至可以说土得掉渣的公司。阿里巴巴成立初期,马云手中有 2500 万美元的风投,也曾经意气风发过,他在海外建立了一大批办事处和众多无用的机构,甚至提出"避免国内甲 A 联赛,直接进入世界杯"②的口号。但事实表明,这是一种烧钱的、不可能实现的做法。2000年,马云意识到问题所在,立刻提出 B2C 计划(Back to China,Back to Coast,Back to Center,回到中国、回到沿海、回到中心),裁掉大批员工,将阿里巴巴总部搬回杭州。在危急关头,倒立逻辑起了作用。它提醒马云,必须双手着地、踏踏实实地"天马行空",梦想必须接地气,否则爬得越高跌得越痛。几年

---

① 沈威风:《淘宝:倒立者赢》,浙江人民出版社 2007 年版,第 12 页。
② 魏昕、石海娥:《马云帝国内幕》,新世界出版社 2013 年版,第 98 页。

之后,倒立逻辑使阿里巴巴迅速成为国内最具发展潜力的电子商务公司,也使马云完成了一场"不可能"的战役。"我们从正面一定打不过 eBay,倒过来看呢……"正是这种倒立的逻辑,马云在阿里巴巴建立的短短几年时间内打败了巨大的美国电子商务平台 eBay,在一场几乎所有人都认为不可能的蚂蚁战大象的战役中大获全胜。

　　倒立是阿里巴巴成长的逻辑,也是马云的成功逻辑,它可以有多种的理解和表现,但是唯一不变的是:只有双手着地、另眼看世界时,想象才会更自由,梦想才会更接近,未来才会更清晰。

目　录
CONTENTS

目 录

目　录

C1

第一篇

"倒立"的从商理念：

利剑无锋，出手无招

金庸的武侠小说中有几个人物特别厉害：《笑傲江湖》中的风清扬，《神雕侠侣》中的独孤求败，《天龙八部》中的"扫地僧"。这几个人并不是主角，只是出场次数寥寥无几的隐世高人，他们不仅武功高强、德行兼修，更重要的是其思想境界已渐入化境，他们已经突破了武术械斗的范畴，心中已经没有招数、刀剑、门派等概念，武功已经彻底融于他们平时的一举一动之中。他们深知神物自晦、大巧无工、大音希声、大象无形的天地之道，认识到最厉害的武功其实就是最寻常的一举一动。这其实是中国古代哲学最为精髓的地方——融会贯通天地万物、突破具体事物所具有的界限和规定，而到达一种有无相通的思维层次，是一种渐入化境的境界。马云是金庸的"粉丝"，一直以来都以"风清扬"自居，所追求的其实也是这种至纯至化的境界。他希望自己能出手无招，却招招制敌，利剑无锋，却剑剑克人，阿里巴巴就是在这样一种具有浓厚的国学气息的理念中成长起来的。

第一章
"单手"撑起阿里巴巴

倒立其实是一项简单的运动,靠着墙用双手支撑着倒立起来的身体,估计大部分身体健康的人都能够做到这一点。马云能够用单手倒立,其实也并非难事。但是,要真正领略倒立的内涵,却不是一件简单的事情。不按常理出招是马云从倒立运动中领悟到的从商理念,阿里巴巴成长至今,其实处处都烙印着马云的这种从商理念。在他的人生里,他会无数次单手支撑起自己的身体,为自己的员工、同事和企业发展做出一次又一次的榜样;然而,在他的人生里,有一种倒立他从未停下来,至少,他要坚持这种倒立102年;他用自己独具一格的、颠倒式的思维"单手"支撑着阿里巴巴。

倒立怪杰：马云

倒立看世界是我们的一种文化，网站每个员工都必须学会倒立，双手撑着。我们从正面一定打不过 eBay，倒过来看呢……①

对于马云来说，倒立首先意味着用一种与众不同甚至截然相反的方式去理解世界和解决问题。

在习惯用正立的方式生存的人们眼中，世界似乎遵循着某种不可改变的规律，人们要获得成功，必然有某种不可被怀疑的经验。当这种眼光在人们的心中慢慢积淀下来时，它也就成了一种权威与经验，容不得有相反的行为。

但是，对于马云来说，当 90％的人都说好的时候，他永远会首先选择那 10％的"不好"；当所有人都沿着同一个方向去争取成功的时候，他永远都会本能地向相反的方向走去，并从内心深处相信只有自己的方向是正确的。

在阿里巴巴之前，绝大部分的电子商务公司都认为 B2B 应当为大企业服

---

① 金错刀：《倒立者马云》，http://www.gmw.cn/content/2007－01/15/content_536283.htm，2007 年 1 月 5 日。

务，放弃中小企业群体，因为只有为大企业服务，自己才能够从这个大蛋糕里分得一份小蛋糕，这是成功的"经验"。

马云的逆向思维是"农村包围城市"。毛泽东当年在农村广泛建立革命根据地的经验值得借鉴：只有为最广大的群体服务，才能够获得最为持久的生命力。在中国乃至世界范围内，中小型企业的数量比大型企业多得多，马云生长在私营中小企业发达的浙江，深知中小企业发展的困境。他认为，大企业不仅有自己专门的信息渠道，还有巨额的广告费，中小企业才是最需要互联网的群体。由此马云决定"弃鲸鱼而抓虾米，放弃那15％大企业，只做85％中小企业的生意。"[1]这个决定与当时的电子商务路数截然相反。

阿里巴巴的角色就是一个让中小企业释放自己生命力的平台，通过这个平台，中小企业的商品可以被输出到世界任何一个角落。它们因此获得了最充分的阳光，马云的电子商务帝国也因此获得了最坚固的根基和最强劲的生命力。

倒过来看，以服务于中小企业为宗旨的淘宝像遍地爬行的"蚂蚁"一样，在商业世界里无孔不入、无处不在，因此最终战胜了"大块头"eBay(易趣)。

在历史上，凡是能够成就伟大事业的人，无一不拥有独特而非凡的思维方式，无论这种思维方式具体是什么，归结起来就是：走与众不同的道路。

这种"另类"的意识是这些伟人的事业得以成功的最基本因素之一。凡·高所处的年代，绘画上的写实主义是一种主流的绘画风格，在大部分艺术家看来是成功的"唯一"途径。但是，凡·高眼中的世界非常"另类"，因为在他眼里，世界因为阳光而五彩缤纷，星空会因为内心的忧郁而迷离怪异，明亮高调的颜色和画家的内心情绪是构成世界的重要因素。这种"非主流"的印象派创作理念并没有使凡·高的作品一开始就获得成功，但是在他死后，他那独特的绘画风格和天赋理念使其成为绘画艺术史和绘画思想史上一座至高的丰碑。

---

[1]　华胜：《马云传奇》，中国经济出版社2009年版，第97页。

马云的倒立逻辑本质就是走与众不同的道路,它是马云和阿里巴巴成长的最重要的路标之一。但是,这个路标任何时候都没有给马云提供某种具体的道路或"蓝图"。

1999 年年初,在马云决定率领他的"十八罗汉"团队从北京回杭州重新创业之时,他甚至都不清楚自己要做什么。但是,凭借自己的天赋直觉,他隐约看到了世界倒立起来的样子,或者说,他曾以倒立的方式隐约地觉察到,有另一条隐秘的道路能够引导人们通往"阿里巴巴"的财富王国。他说不清楚这条道路具体是什么,更多的时候他只能说:"我不知道"、"我不清楚"。但是他力排众议,决定踏上这条谁也没有走过的道路,最终找到了真正的"宝藏"。

真正的成功必然是另辟蹊径的,它需要有走反方向道路的勇气与智慧。在拥挤的网络世界里,马云这个个子不高、体格单薄、面貌奇异的倒立怪杰如同金庸笔下经脉颠倒移位的欧阳锋一样,正以一种奇异独特的方式在大地上疯狂地奔跑,用手撑起了一个属于自己也属于我们这个时代的新世界。他从不以正常的方式出招,但一旦出手,则如无锋之利剑、无招之绝招,出人意料,锐不可当。

把倒立的世界看成一个新世界

每个人都要学会倒立,因为当你倒立起来,血液涌进大脑,看世界的角度和平时完全不一样,想问题,也就能找到一个不可思议的角度。[1]

---

① 沈威风:《淘宝:倒立者赢》,浙江人民出版社 2007 年版,第 12 页。

倒立并不是意味着简单地把事物的头脚颠倒，当你倒立着看世界时，你必须把这个头脚颠倒的世界理解为一个新的世界，否则就没有理解阿里巴巴倒立逻辑的真谛。倒立是一项简单的运动，但是，把倒立着的世界看成一个新的世界却是一种深刻的哲学。

马云在公司里倡导倒立，并不是简单地倡导一种健身运动，甚至也不是简单地倡导要"相信"自己的信念。他领会到倒立最深层次的哲学内涵，并把这种内涵定位为阿里巴巴帝国最为根本的从商理念。

20世纪90年代末，在绝大部分中国人还不知道网络为何物时，马云有幸在美国首次接触到了网络。这个新鲜事物并没有让完全不懂IT的马云不知所措，他从中看到的并不是一个令人一头雾水的新概念，而是一个崭新的世界：这是一个通过网络而建立起来的自由世界，自由得甚至连上帝也不能在其中发挥威力。他还不知道如何去建立和利用这个新世界，但是他知道在这个世界上必然能够大有作为。若干年之后，马云利用这个新世界创新了一个网络帝国——阿里巴巴。

2014年，马云在一次演讲中提到，未来社会将会由IT(信息科学)时代转向DT(数据科学)时代，他又一次看见了一个倒立的世界。在互联网发展迅速的今天，大大小小的互联网企业通过自己的网络平台收集到了规模庞大的数据信息，这些数据记录着广大网民的种种消费心理、购物习惯、生活情趣乃至审美情调。把握住了这些数据，也就把握住了广大消费者的消费行为和生活行为。在未来，如何利用这些数据将成为最为热门的话题，如何利用这些数据创造出一个新的世界，正如当初马云利用网络创造出一个做生意的世界一样，将会成为未来最热门的话题。马云看到了这个"倒立"起来的世界，阿里巴巴也已经采取各种措施率先迈向DT时代。

能够把倒立的世界看成一个新的世界需要善于思考、热爱思考的习惯。著名物理学家法拉第看到在导线上通电能够使附近的磁针偏转，因此就想：倒过来会怎么样？磁铁会不会使通电的导线也发生移动？由此，他发明了电动机。后来，他又想到，既然电能够生磁，那么倒过来会怎么样？倒过来的结果是磁也能生电，由此他又发明了发电机。在这两次"倒过来会怎么样"的追问中，法拉第在日常司空见惯的细节中发现了新的世界，并通过自己的努力把这个新世界创造了出来，由此引发了人类文明的第三次产业革命。

马云向来喜欢哲学思考，他不仅对中国传统文化中的太极文化深感兴趣，而且经常看《道德经》等饱含智慧的国学典籍，甚至几次去名山古刹闭关冥思。他通过思考慢慢积淀出敏捷、尖锐和深沉的目光和思想，这些因素使他有了足够的智慧和能力在日常生活中倒立起来看世界，并把倒立的世界看成一个新的世界。

马云曾对阿里巴巴成功的逻辑进行了一种新颖的解释，他并不认为文明是创造出来的。相反，他认为，文明与智慧其实自古以来就存在着，它们需要被唤醒，阿里巴巴现在的工作就是去唤醒一种适应网络新世界的文明与智慧。在这里，我们可以看到马云的"野心"，他不仅把一个倒立的世界看成另一个世界，而且是一个有秩序、有规则的新世界，而这正是马云通过倡导倒立运动而实现的最终目标。

2004 年，马云获得"浙江十大经济人物"称号，著名导演张纪中为其颁奖，并致词："网络很拥挤，马云之所以能冲出重围，是因为他有一副好身材……"[1]这是一个幽默的说法，真正的含义是：网络世界很拥挤，但马云不屑挤进人潮中，他用自己的方式看到了另一个网络世界，并把它创造了出来。

---

[1] 陈伟：《这才是马云》，浙江人民出版社 2011 年版，第 52 页。

"无知"胜有知

这是我将来回国要做的事情。现在我也不知道。[①]

1999 年 2 月，马云应邀去新加坡参加"亚洲电子商务大会"，但是很快他就发现，与会者几乎全是欧美人，会场上讨论的都是美国的案例，根本不是什么亚洲电子商务大会。当时马云就觉得出了问题，亚洲的电子商务是不可能从欧美翻版过来的，中国不应该走美国的道路。他站起来说，亚洲 80％的企业是中小型企业，中国的 B2B 应该走中国特色之路。

"你觉得亚洲的电子商务应该是什么样的模式?"有人立刻反问。

马云如是说："这是我将来回国要做的事情。现在我也不知道。"话音一落，众人哄笑。

在一个国际会议的现场当众宣称对于自己想要做的事情"也不知道"，如果不是开玩笑，那么需要的不仅只是勇气，还需要一种无知胜有知的智慧。

当一个人知道了某种东西、特别是他愿意接受的某些观点后，他将会有意无意地把自己遇到的一切事物与这个观点联系起来，以此来评价、判断其他东西。这是"有知"之士的惯常做法，也是"有知"的表现。但是，这种做法所带来的负面结果是，想象力被抹杀，创造力被扼杀，一切事物的可能性或不可能性都会根据这个观点来被决定，它们甚至变成这个观点的翻版，这个原始的观点将会成为一种"原罪"，因为它把一切可能性都"污染"成自己的某种影子。

马云常常坦言"我不知道"。有网友问马云在阿里巴巴已获得各种荣誉之

① 华胜：《马云传奇》，中国经济出版社 2009 年版，第 83 页。

时，下一步要解决什么问题，马云说："说实话，阿里巴巴有很多问题。每天我们解决了老问题，又碰上新问题。这就是生活，你不得不面对，做事不容易。关于什么是致命的问题，说实话我不知道。但我认为对我们最重要的是更好地了解我们的客户，以更好地服务他们。"有时马云甚至在很多关键的时候也会很坦白地说"我不知道"。2006年，马云决定把阿里巴巴拆分为五个事业部：信息流、资金网、物流网、数据网、无线网，他称之为"达摩五指"，这是一张覆盖整个中国乃至世界的电子商务的"阿里大图"，虽然马云对打造这一张大图充满信心，然而，在关键的地方他却自称"不知道"："所以你要问我2012年这张图是什么样的，我不知道。但是我告诉你，2012年你会觉得越来越有信心。但是这个信心基于也许明天、也许半年以后我们再度的大变革。"①

《论语》说："知之为知之，不知为不知，是知也。"这里说的是关于知识的一种态度。但实际上，坦言自己"无知"还具有更深层次的智慧。因为"无知"，所以不敢妄自把未来的东西套进某个固定的模式之中，不敢以自己的经验去判断和评价新的东西，而是去想象、创造和思考这个新东西。把自己想象为一个没有任何知识储备和经验的人，以孩童般的想象力去描绘和打造这个东西。最终，它将会以一种真正适合时代和潮流的形象出现，在一片惊叹与赞誉声之中鹤立鸡群、独领风骚。

《商业周刊》的记者在问马云关于创业与互联网的关系时，马云说了一句话："互联网是一个不需要经验的产业。"②这是一句很著名的话，但也是一句被很多人误解了的话。相对于传统产业，互联网本身是一个新的行业，而且发展日新月异，成长速度比人的成长速度快，所以任何人都不敢说自己对互联网有什么经验，因为它几乎永远走在人的前面。

马云的真正意思是，经验固然是成功的法则和资本，但是往往也是成功隐

---

① 阿里巴巴集团：《马云与员工内部对话》，红旗出版社2013年版，第78页。
· ② 华胜：《马云传奇》，中国经济出版社2009年版，第138页。

秘的绊脚石，因为它将会无声无息地扼杀最有创造力的想象，把新的东西变成旧的东西。互联网不需要经验，甚至不需要"知识"，它永远是一个新的行业，因为能够成就它的只有最纯粹、最新颖的想象力。这就是"无知"胜有知的智慧。

非主流创新法：闭关禁语

其实我才是你，你才是我。我在外面帮你做商业，你在庙里替我修行。这样想的时候我心里就踏实多了。[1]

马云 20 多年的好朋友、现在的助理陈伟在其著作《这才是马云》中揭秘了马云一个鲜为人知的非主流创新法：闭关禁语。

杭州永福寺老方丈月真法师是马云的老朋友，据说这位法师年轻时跟马云很像，于是有了前面的话：我本是佛，你本是贾，我替你从商，你替我修行。

在商海打拼的马云似乎从未忘记过另一个自己是佛门中人，每当疲倦或迷惘的时候他就上山闭关禁语。禁语是佛教一种很高境界的修行。佛教认为，一切众生之生死轮回皆由于身、口、意三业所致，若消除此三业，可速得解脱。禁语的目的之一就是减少口业，杜绝所有世俗往来，断绝一切凡心杂念。

2008 年 6 月，马云走入重庆缙云山，在山上闭关"禁语"三天。那时的马云刚在杭州结束一个 B2B 高层会议，他在会上提出了"云计算"的概念，遭遇到很多反对意见，但他"一意孤行"，拍板说："我不知道云计算将来具体会有什么用，有多大用，但我知道的是我们必须马上做。云计算将来一定可以帮助中小

---

[1]　陈伟：《这才是马云》，浙江人民出版社 2011 年版，第 97 页。

企业。"①会议结束后，马云就去重庆"禁语"，实际上也是暂时杜绝一切凡心杂念，通过反思和思考来冷静判断自己的言行。

有位著名的导演曾对演员说："当你长时间闭上你的嘴巴，你的眼睛就开始说话。"实际上，当你长时间闭上自己的嘴，你冷静的思想就会开始说话，而且说出来的都是平时你无法领悟到的真知灼见。

据说，释迦牟尼放弃王位出家后，苦行多年仍无法解脱生、老、病、死的苦恼，后来，他在一棵菩提树下敷草而坐，禁语静心思考，最终在某日早晨朝阳普照之时豁然大悟，彻见宇宙人生的真相，完成了无上正等正觉，获得了最高的智慧。

闭关禁语让马云更深入地领略到了中华文化中事物兴衰流转的智慧，将这些智慧运用到商业中就是最得力的竞争战略。2009 年 7 月，在阿里巴巴即将迎来 10 周年庆之际，马云再次前往缙云山闭关禁语，冷静思考这十年来阿里巴巴走过的路。最后，他领悟到，电子商务将来是无"电子"不"商务"："阿里巴巴前 10 年从无做到了有，未来 10 年我们要从有做到无，这个'无'是无处不在的'无'，不是没有了。"②

大音希声，大象无形，真正的"高大上"是无处不在、无所不在的，它不在于物质外形上的高大，甚至也不在于声势气魄的浩大，而是一种"润物细无声"的力量，在不知不觉、无声无息中改变人们的生活方式，成为人类社会向更文明、更理性的方向发展的一种促进力量。只有做到这一点，阿里巴巴才能够说自己"无所不在"，而从现阶段来看，它的确有能力做到这一点。

我们不知道 2008 年 6 月马云那次闭关禁语具体有什么领悟，但是我们可以从下面的事件中看到某些端倪：2013 年 8 月，阿里巴巴集团正式运营的服务器规模达到了 5000 台，达到"飞天"集群的标准，成为中国第一个独立研发拥

---

① 陈伟：《这才是马云》，浙江人民出版社 2011 年版，第 100 页。
② 阿里巴巴集团：《马云内部讲话Ⅱ》，红旗出版社 2013 年版，第 98 页。

有大规模通过计算平台的公司，是世界上第一个对外提供 5K 云计算服务能力的公司，目前，只有 Google、Facebook 等极少数顶级技术型 IT 公司拥有这样的技术。2014 年年初，马云在一封关于未来战略的信中提到，云端将是移动互联网的关键，阿里巴巴未来 10 年的目标是建立数据时代中国商业发展的基础设施。

对于那些名牌大学毕业、有着国外留学教育背景和在世界著名企业工作的实战经验的其他创业者而言，马云是一个"土鳖"，因为他既不是毕业于名牌大学，"前身"也非什么著名企业的高管。但是，马云有很多企业家所没有的一些哲学素养，闭关禁语就是一例。他不仅专门找时间去名山古刹闭关禁语，甚至也常在家中和度假时进行。阿里巴巴的成长离不开马云这种带有强烈个人色彩的因素，它的许多看似平淡无奇但实际在激烈的竞争环境中恰到好处的企业战略，实际上都是马云在闭关禁语时思考出来的。

成功的标准

我希望五年以后没人谈电子商务，因为电子商务就像电灯、电视一样出现在我们生活中。[①]

相信当下中国大部分年轻人都已经有这样一种体会：没有淘宝，生活将难以想象；正如全球绝大部分人都已经体会到：没有微软，生活将难以想象。一对恋人的感情之深往往会表现为：没有你我将无法生活。这是感情"成功"的标志，同样，对于马云来说，阿里巴巴成功的标准就是：无所不在，消散于无形。

---

① 任政和：《阿里巴巴的企业战略》，海天出版社 2010 年版，第 53 页。

2004 年 9 月,在阿里巴巴成立五周年之际,阿里巴巴宣布公司战略将从"Meet at Alibaba"(在阿里巴巴相遇)升级为"Work at Alibaba"(在阿里巴巴工作)。马云说:"阿里巴巴没有奇迹,淘宝也没有奇迹。五年里我们做了 Meet at Alibaba,五年后我们要做 Work at Alibaba,我们要把阿里巴巴做成客户的销售、市场、财务和人事中心。客户可以把这些都交给阿里巴巴,我们将同中国中小企业共同生存、共同发展。"①

阿里巴巴就像一个水库,"Meet at Alibaba"是让所有人都集中到水库取水,而"Work at Alibaba"则意味着安装通往每一个客户"家"中的供水管道,使阿里巴巴像自来水一样自动送到客户手中,成为他们的企业离不开的"日常用品"。2011 年 9 月 9 日,马云在第八届全球网商大会上再次表示:十年后中国将不再有电子商务,因为电子商务将彻底地融入所有企业的血液当中,成为企业日常运作的一部分。

阿里巴巴从创造出每个商人都要用到的电子商务平台,到"没人谈电子商务",再到根本没有电子商务,走的就是一条"亲民"之路,它要成为每一个客户日常工作中最寻常的"工具",消散于无形,如同电灯、电视之于人的生活一样。

有一个估计是人人皆知的故事:有两个商人先后去一个陌生的地方推销拖鞋,第一个商人发现,当地人根本不穿拖鞋,他心里很郁闷,很快就打道回府,因为他想不可能有人会愿意买他的拖鞋。另一个商人也发现当地人根本不穿拖鞋,但他很高兴,他想到这是一块未被开垦的"新大陆",因为人人都需要穿拖鞋。不久后,当地人很快就接受了拖鞋,他们买走了第二个商人全部的商品,并且从此再也离不开拖鞋。

1995 年,在马云计划创建网络公司时,人们纷纷向他泼冷水:"这(Internet)到底是什么?中国人没有一个知道的——不是说它不好、没前途,

---

① 任政和:《阿里巴巴的企业战略》,海天出版社 2010 年版,第 53 页。

而是因为这玩意儿太先进……中国人不会买账的。"①那时的马云就像那个老套故事中的商人那样,走到了一个没人穿拖鞋的地方推销自己的拖鞋,但值得庆幸的是,马云选择了第二个商人的想法:虽然中国人还没有熟悉网络,但是不久的将来他们一定需要网络,而且,他们的生活、工作、学习和娱乐都将离不开网络。马云需要做的是如何将网络植入人们的生活之中,他创建了阿里巴巴,成为"网络时代"有力的缔造者之一。

从有到无,从来都不是马云"嘴上说说"的事情,而是他真正要做到的事情。继 2006 年,马云提出要将阿里巴巴分为"达摩五指"之后,2011 年,在淘宝网发展得最为强盛的时候,马云又提出要把淘宝拆成三块:淘宝网、淘宝商城和一淘网。马云之所以做出这种拆分,是因为他意识到互联网电子商务的形势发生了变化:"我觉得淘宝这几年的最大贡献,就是把人们的网上购物行为从单纯的一种时尚、乐趣和补充,变成了生活中的必需。但是现在的消费者已经不再满足于今天淘宝以及电子商务所提供的各种各样的服务,他们的需要更加个性化、专业化。"②拆分淘宝更有利于"潜入"人们日常生活最为细节的地方去。2012 年 7 月 23 日,阿里巴巴集团再次进行拆分,共拆分为七个事业部,称为"呵呵七剑";2013 年 1 月 10 日,似乎上了"瘾"的马云再次向阿里巴巴集团"举刀",把它拆分成了 25 个事业部。所有这些拆分,都围绕着一个目标:把阿里巴巴建成一个完善的生态系统。它的意思是,在人们的生活中,慢慢种植起各种树木、花草,并提供水源和阳光,使阿里巴巴成为人们日常生活必须依赖的"自然",就像我们日常生活必须依赖真正的大自然世界一样,而要做到这一点,则要"润物细无声"。

实际上,马云提出的是电子商务行业的成功标准:只有当电子商务无处不在、无时不在时,电子商务才是成功的,即使那时电子商务本身作为一个行业

---

① 陈伟:《这才是马云》,浙江人民出版社 2011 年版,第 22 页。
② 阿里巴巴集团:《马云与员工内部对话》,红旗出版社 2013 年版,第 118 页。

已经消散于无形。马云曾说:"我一直在思考,我们就是为别人服务的公司,而不是什么所谓的高科技公司,因为越是高科技感觉离消费者就越远。"①只有做到为最广大的人群服务,才能够做到最贴近人们的日常生活,从而改变人们的日常生活方式。这是一种逆向的思维:它不是去追求某种帝国式的疆域的庞大——在大部分人看来,这是企业成功的标准,而是去追求一种无声无息但却能够改变一个时代的人们的生活方式的影响力。

认真生活、快乐工作

为什么要认真生活快乐工作呢?因为你不对生活认真,生活就不会对你认真;而工作时你不快乐就不会有创新。认真工作不一定有创新,你工作开心了想回去就回去,想来就来,把活干完就好,就开心。不开心工作的请离开,因为这不是你的错。别人说认真工作、快乐生活,我不苟同。②

有一家企业,员工们工作都很痛苦,甚至连生活也很痛苦,因为他们无法把工作和生活分开。于是他们向马云请教如何将工作和生活分开,认真工作、快乐生活。马云讲了半个小时,觉得讲得很不痛快,他突然意识到自己讲的都是空话,因为他的工作和生活从来没有分开过,而且,他的想法恰好相反:认真生活、快乐工作。

马云是一个很快乐的人。他很喜欢听"段子",就是一些笑话。他的助手有一项重要的工作内容,就是收集各种"段子"给马云。据说有一次马云去深

① 阿里巴巴集团:《马云与员工内部对话》,红旗出版社 2013 年版,第 92 页。
② 阿里巴巴集团:《马云与员工内部对话》,红旗出版社 2013 年版,第 93 页。

圳开会，百忙之中还不忘记打电话给助理要听听收集起来的笑话，结果马云笑得前仰后翻，把旁边吃饭的几个女孩子都吓跑了。马云不仅喜欢听笑话，而且也喜欢开各种玩笑。他跟著名导演张纪中很熟，两人的毛笔字都不好看。据说，有一次他们俩同时被邀请参加一个开幕式，进场前需要用毛笔留墨，马云先到，唰唰几下写好后发现字实在不堪入目，于是署名为"张纪中"；再写一回，更加不堪入目，于是名字都没留就溜进会场了。过一会儿就听见张纪中在后面大喊："这字不是我写的，写这么差还署我的名！我知道了，一定是马云干的！"①

即使在最严肃的一些事情上，马云也很"不正经"。2009 年 7 月，马云又去重庆缙云山闭关禁语。闭关过程不能见外人，只有"护法"在身边帮忙做饭、送饭，而且都是一些非常清淡的饭菜。有一天马云吃得不好，想让山下的助理偷偷送些好吃的上去，但又不能让身边的"护法"知道，于是发明了"密语"："火石泰叉，代良报够得比夫干来，厂与壹付内。趋丁劳绍灿刀张，美顿嘉米特。"②助理陈伟看了半天才明白，原来是马云"馋"了，密语的意思是：伙食太差，带两包好的牛肉干来，藏在衣服内。去盯牢烧菜道长，每顿加肉。闭关的某天晚上，马云突然跑了出来说要去吃夜宵，助理很惊讶，因为闭关还没有结束，马云说："这几天，别人闭关，我是得安静。公司马上要 10 周年大庆了，我这两天把新商业文明想得更清晰了。"③

马云不仅时刻提醒自己要快乐工作、认真生活，而且还时时不忘让员工也遵循公司的这条"第一原则"。在 2013 年关于阿里巴巴员工的年终奖文件里面，马云就曾说："2012 年，我们干得不错，大家也辛苦了。'认真生活，快乐工作'，好好过年，好好花钱，好好旅游。给家人买好礼物，给淘宝卖家多点

---

① 陈伟：《这才是马云》，浙江人民出版社 2011 年版，第 53 页。
② 陈伟：《这才是马云》，浙江人民出版社 2011 年版，第 103 页。
③ 陈伟：《这才是马云》，浙江人民出版社 2011 年版，第 104 页。

生意。"①

　　这就是马云的快乐工作、认真生活。这些"不正经"的工作方式并不意味着他是一个"混世魔王"。在这种快乐之中，马云时刻不忘自己的事业。上面的闭关，虽然马云偷吃又偷溜，但他仍然有很大的收获，他想到了阿里巴巴未来发展的基本方向：从有到无；同时他还想到了，要把阿里巴巴打造成"最具幸福感的公司"而不是"最佳雇主公司"，因为后者多少带有阶级矛盾的色彩。他甚至还想到，中国古代"药王"之所以是孙思邈，不是因为他的医术最高，而是因为他最有医德，只有他才是"苍生大医"。马云由此悟出，伟大的企业家不是要看他的资产有多少，而是要看他为社会创造了多少价值；不是要看他的"商术"有多高，而是要看他的"商德"有多大。而这正是马云接下来的人生奋斗方向。

　　阿里巴巴集团的 logo(图标)本身就是一个微笑着的"@"，时刻提醒着阿里人保持快乐、保持微笑。马云说："一个公司是不是优秀，不要看它里面有多少名牌大学毕业生，而要看这帮人干活是不是发疯一样，看他们每天下班是不是笑眯眯地回家。"②认真生活、快乐工作是阿里巴巴的一种"倒立"文化，简单的几个词语位置的调换，带来的是一种创新、轻松和充满活力的气氛，它倡导一种新的工作态度和生活态度，它或许有悖于我们的常识，但这种"叛逆颠倒"的理念却具有不可忽略的力量，它在不经意的诙谐和灵动中透露出阿里巴巴一直以来的成长逻辑：倒立者赢天下。

---

① 　阿里巴巴集团：《马云与员工内部对话》，红旗出版社 2013 年版，第 237 页。
② 　魏昕、石海娥：《马云帝国内幕》，新世界出版社 2013 年版，第 102 页。

第二章

一剑走遍天下

　　马云最有名的癖好是喜欢金庸的武侠小说,据说他的办公室陈列着不少刀剑,其中有些是导演张纪中赠给他的道具剑。这些刀剑,马云的办公室搬到哪里就带到哪里,有时马云还会拿出来在公司里面晃荡,"招摇过市",惹得别人直说他"吃饭家伙不离身"。其实马云手里的确有一把"利剑",那就是他的创业理念,这是一把无形的剑,使用的是无形的招数,马云凭此,以非 IT 和技术科班出身的"来头"走遍天下,叱咤风云。

风清扬的剑

　　我在金庸小说里最喜欢的人物是"风清扬"，我的笔名曾经用过。我们公司内部很多人都有化名，我的化名就是"风清扬"。"风清扬"我喜欢他的是两点，第一他是老师，自己不愿出来，但他培养了令狐冲；第二他是无招胜有招，他是基本上打穿了整个的剑法。我觉得特别好，无招胜有招，无招本来就是招，最后一招无招，那就是招。[①]

　　马云一直都崇拜《笑傲江湖》里的风清扬，他甚至曾尝试在张纪中导演的《笑傲江湖》里扮演风清扬的角色，虽然最终因为没有科班基础而作罢，但这并不影响他对风清扬的喜爱。那一位在华山思过崖神出鬼没的武林前辈，寥寥几次的出场，就让令狐冲学会了剑术最高的境界：无招胜有招。他超越了所谓剑宗和气宗的区别，也超越了一切招数套路的限制，以最简单的无招代替了最复杂的剑法，从而达到了最高的武学意境乃至哲学意境。

　　对于创新，有两种理解，一种是奇招突出，以各种出人意料的、刻意造作的

---

　　① 魏昕、石海娥：《马云帝国内幕》，新世界出版社 2013 年版，"自序"。

招数来战胜循规蹈矩的做法;另一种不是从招数上创新,而是从思想上创新,从哲学上理解和把握到事物的兴衰之道,根据这种道理来出招。第一种创新只能说是一种小聪明,赢得了一时,但赢不了一世;第二种创新是一种智慧,它不一定会时时处处争第一,但必然能够赢得天下。第一种创新只是莽夫的刀,锋芒毕露,杀意难掩;第二种创新则是风清扬的剑,既钝又敛,其貌不扬,但能够做到不战而胜,制敌于无形。

不言而喻,马云手中所持的是风清扬的剑。在风清扬的手里,剑其实不是剑,它可以是一切东西,花草枝叶皆可成为剑。在阿里巴巴集团内,特别是草创阶段,其实没有什么惊天动地的大人物,也没有什么特别的背景,在那里,人人都是最平凡的人,但人人也都是人才。马云说,在阿里巴巴,每一个都是很平凡的人,但他们要去做最不平凡的事。成立阿里巴巴时,马云意识到,用控股的方式来控制企业不是真正可行的办法,因为这如同把自己的剑铸造得又笨又重,至多只能从剑术上打败敌人的身体,但不能从剑德上战胜敌人的心。马云要铸造的是一把无形的剑:

"从第一天开始,我就没想过用控股的方式控制,也不想自己一个人去控制别人,这个公司需要把股权分散。这样,其他股东和员工才更有信心和干劲。"①

"我们很健康,股份每个员工都有,最大的股份在管理者手里。这是个很科学的概念,我们不是东方家族企业。"②

以这种方式,马云不仅赢得了一种产品或一个项目,更重要的是,他赢得了一个团队,一个对集团的文化理念高度认可的员工群体。据说,有一次马云在国外演讲,一个老外无论如何都不相信马云各种"疯子"式的理念和做法,马云邀请他来阿里巴巴参观,结束时,老外说他明白了一个道理,马云问是什么,

---

① 魏昕、石海娥:《马云帝国内幕》,新世界出版社 2013 年版,第 101 页。
② 华胜:《马云传奇》,中国经济出版社 2009 年版,第 90 页。

老外说:"因为你们这里有 100 个像你这样的疯子。"①

　　按照马云的想法,阿里巴巴最终也会成为一把无形的剑。当前的阿里巴巴是一个庞大的帝国,无论是在规模上还是声势上都相当庞大,但这似乎不是马云想要的。他希望未来阿里巴巴从有到无,消散于无形,但也制敌于无形。对马云来说,这才是真正的成功。

至上信条:永不放弃

　　我觉得最大的经验就是千万不要放弃,要勇往直前,而且不断地创新和突破,突破自己,直到找到一个(正确的)方向为止。而且我觉得还有更重要的一点,我们今天面对将来的信心是来自于我们前 5 年的残酷经验,我们坚信明天更加残酷。②

　　2011 年,在一次对新进员工的讲话中,马云很感慨地回忆起自己人生的失败。他说,自己 30 岁之前的经历几乎全是失败的,去应聘了 30 份工作,全都被拒绝。去报考警察学校,5 个人录用 4 个,马云被淘汰;去宾馆应聘,2 个录用 1 个,马云被淘汰;去肯德基应聘,24 个人录用 23 个,马云被淘汰;去杂志社应聘送杂志时,因别人的语文比他高 1 分,又被淘汰了;就算是创造中国黄页时,前 3 笔生意也都失败了,因为被别人骗了。这些失败的经历,我们现在说起来很轻松,但是这都是马云沉甸甸的人生经历。

　　有这么多失败经历的人,可能并不少见,但是,经历了这么多挫折还能够

---

① 阿里巴巴集团:《马云与员工内部对话》,红旗出版社 2013 年版,第 92 页。
② 朱甫:《马云管理思想大全集》,海天出版社 2011 年版,第 283 页。

坚持下来的人，却很少见。马云就是坚持下来的人之一。他说："我不知道怎么定义成功，但我知道怎么定义失败——那就是放弃，如果你放弃了，你就失败了。如果你有梦想，你不放弃，你永远有机会和希望。"[1]在创业初期，马云过得很艰难，甚至面临着没钱发工资的困境，但他坚持了下来，不是因为他预感到了自己的成功，而是因为他感觉到自己已经够倒霉了，再倒霉一次也无所谓了。

其实马云也有过放弃的时候。在他创办中国黄页做得正火红时，杭州电信属下的一家公司也做了一个和马云非常接近的中国黄页网站，而且，这家公司显然拥有更强大的社会资源。马云觉得自己没有胜算，他做出了创业生涯中的第一次妥协。1996 年，马云将自己的网页折合成 60 万元人民币，以占 30% 的股份与杭州电信开展合作，后者投入资金 140 万元，占 70% 股份。这个股份结构意味着，马云在董事会里面只有 2 票的决定权，而杭州电信有 5 票的决定权，这样一来马云几乎做不了什么决定，这与他的性格和处事方式相悖。事实也表明，马云与杭州电信在企业的发展思路、目标和战略上都存在矛盾。由于没有足够的决定权，马云忍痛放弃了中国黄页，决定退出。

那时他正在美国，情绪低落，无意间走进一个教堂。牧师在做完祷告后，朗诵了丘吉尔在第二次世界大战时的一篇演讲文章：

"你们问：我们的目的是什么？我可以用一个词来回答：胜利！不惜一切代价去争取胜利，无论多么恐怖也要争取胜利，无论道路多么遥远也要争取胜利，因为没有胜利就无法生存……"

失意的马云听到这个朗诵，精神一振，仿佛获得了重生的力量。后来他说："当时我觉得冥冥之中就好像是上帝派牧师来鼓励我，我觉得牧师就是在讲给我一个人听的。"[2]从此之后，马云再也没有过放弃的念头，"永不放弃"成了他人生重要的座右铭，也成为他勉励别人时最常说的一句话。

---

① 重庆 IT 江湖：《〈央视对话——狂人马云〉随想》，http://www.yesky.com/352/1953352.shtml.

② 陈伟：《这才是马云》，浙江人民出版社 2011 年版，第 139 页。

不要寻找标准的答案

我们倡导的是一种文化、一种思想,那个大屁股(阿里巴巴滨江园区中的裸体男大雕像的别称)就是这个想法,everybody has idea,enjoy(每个人都有自己的观点,学会享受这些观点)。我没有标准答案。我的标准答案就是我突然看见这个裸汉挺有意思,大个子。[①]

2010 年,马云从北京运回两件"莫名其妙"的艺术雕塑安放在阿里巴巴滨江园区内,一件是一座钢铸的裸体女雕塑,高 2.2 米,摆在园区的星巴克旁边;另一件是一座健壮得夸张的裸体蒙古大汉铜像(人称"大屁股"),高 3.6 米,摆在园区正对大门的草坪上。马云觉得 3.6 米这个高度还不足以彰显这位蒙古裸体汉的伟岸,干脆让人把周围的树木都移走,让这个大汉在一片草地上真正"鹤立鸡群"。但这两个雕塑也给马云带来了一些烦恼:不断有人问他,它们到底意味着什么。

这是一件很有意思的事情。马云发现这两个雕塑很有趣,于是就把它们搬进园区,似乎根本不打算去解释这些雕塑有什么意思,也不打算解释把它们放在特定的位置上(特别是把"大屁股"裸体蒙古大汉摆在园区正门对面)是什么意思。那些走进园区的员工、宾客等发现了阿里巴巴这个这么有意思的东西,但却找不到标准的答案,于是事情就变得更有意思了:马云在这里摆放它们到底是什么意思?

然而没有标准答案。如果说一定要有一个答案,那就是:因为它们很有意

---

① 阿里巴巴集团:《马云与员工内部对话》,红旗出版社 2013 年版,第 4 页。

思。具体有什么意思,那便仁者见仁,智者见智,因为本来就没有答案。马云从不介意别人怎样解释这两个雕塑,他像一个顽童一样,看着别人一脸惘然的样子,心里偷着乐。

一个开放的时代必然能够容纳得下开放的声音,一个开放的企业也必然提倡一种开放的文化,特别像阿里巴巴这样一个跟着时代的步伐奔跑的网络企业,它必须提倡甚至要求自己的每一位员工都要具备不受限制的想象力和创新力。

马云是一个靠创新力吃饭的人,他自己也曾说:"我这个人比较好幻想,三天内没有新主意,我就会很难过"、"如果我失去了创造性的思维,那我这个人就一点价值也没有了"①。美国发明家和教育家托德·西勒说:"所谓天才,总能于凡人不经意之处发现意外的事情,他们在不可能的事物当中看出种种的可能。"通用电气前首席执行官韦尔奇也说:"创造力和想象力放在企业的环境中就是创新。"

创新其实很简单,就是不要习惯于去寻找标准答案,尝试运用自己的想象力和创造力去回答自己的问题。台湾经典电影《鲁冰花》中说到一个故事,有两个小孩子学习画画,其中一个根据各种"标准"来画画,画国旗必须用尺子量出国旗的大小,画教室也必须根据严格的尺寸来进行,画什么像什么,深受学校领导喜欢;另一个孩子天马行空,画出的东西都是想象中的事物,在现实中找不到原型,因此被学校领导嫌弃。但最后,前一个小孩子只能获得市级比赛二等奖,后一个孩子却获得了世界级比赛一等奖。

阿里巴巴是在马云各种"奇形怪状"的想象力和创新力中创造出来的,用他自己的话就是"盲人骑瞎虎":没有现成的途径,靠着想象力和创新力边走边"摸"着石头一直走到现在。淘宝网站、支付宝乃至阿里巴巴本身,都是马云在自己天马行空的世界里"摸"到的石头。

---

① 华胜:《马云传奇》,中国经济出版社 2009 年版,第 134 页。

"还原"未来

我更多的工作是在看未来的战略在哪里。[①]

著名的武侠小说家、马云的偶像金庸曾建议马云改名为"马天行",意指天马行云但从不踏空。马云一直以来都擅长天马行空地想象,三天没有新的想象或创意,就觉得好像自己没吃过饭一样。想象是人的一种本能,对于马云来说更是一种不可多得的资本,正是通过想象,他能够站在当下编织未来,在事情还远未能实现之前就勾勒出未来的大概样貌。

那么,当初站在湖畔花园那间略显陈旧的公寓窗边的马云,看着外面繁华喧闹的世界,他看到的是一个怎样的未来? 想必是一个庞大的电子商务帝国。事实上,在创业道路上一路走来,凭借自己天马行空的想象力,马云已经在一步一步地勾勒出这个帝国的轮廓乃至世界的未来:阿里巴巴要做的是"让天下没有难做的生意",淘宝网要做的是"天下没有淘不到的宝贝",阿里妈妈要做的是"天下没有难做的广告",阿里软件要做的是"天下没有难管的生意",支付宝要做的是"天下无贼",而"达摩五指"要做的是"一网打尽"80%的中小企业,一统江湖。这些凭借马云的想象力所"还原"出的未来,正在他的带领下一步步地实现着。现在,他甚至已经在勾勒一个"后帝国时代"了——大数据 DT 时代,阿里巴巴未来十年的主要目标就是利用自己掌握的数据再创造出一个"帝国"。

每个人都有想象的能力与权利,但是,为什么只有为数不多的人能够通过想象获得成功? 为什么大多数人的想象都是不着边际,"晚上想想千条路,早

---

① 张笑恒:《果断放下的马云》,台海出版社 2013 年版,第 105 页。

上起来走原路"？

历史上那些叱咤风云的人物其实都是擅长想象的人物，拿破仑在进攻慕尼黑之前，心中必定已有一个即使不清晰但也坚如磐石的伟大帝国图像；比尔·盖茨从哈佛大学辍学时，心中已经形成了一个划时代的图像："我希望每张桌子都有一台电脑，电脑程序都是我的"；同样，被《福布斯》杂志誉为有着拿破仑一般的身材和志向、被比尔·盖茨亲自誉为下一个比尔·盖茨的马云，在一所普通的大学教职上辞职下海前，心中也已有了一个模糊但坚定的信念：一个能够改变世界的网络公司。

马云不懂电脑，不懂技术，但是，他懂得如何去描绘一幅关于未来的蓝图。

想象，不是把明天想象为今天，不是把未来想象为当下，这种不是想象，而是复制。

想象，不是飘浮于高空，毫无根据的幻想，这种不是想象，而是胡想。

想象，要脚踏大地但同时又不受任何陈规限制的思维能力，它需要有根据，但不需要墨守成规；它需要天马行空，但不需要心浮气躁。

真正的想象力是一种"还原"未来的能力，将未来"还原"为一种不受任何限制的可能性，你才会发现未来的真正面目，才能够发现哪一种图像不仅仅是幻想，而且还将必然成为现实。

有人说过一段很精辟的话：这是一个禁忌相继崩溃的时代，没人拦着你，只有你自己拦着自己，你的禁忌越多，你的成就就越少，人只应有一种禁忌——法律，除此之外，越肆无忌惮越好。

这是很真实的一个道理。法国科幻大师凡尔纳在自己的小说中想象了各种在当时完全不可能实现的东西：能潜行万里的潜水艇、能飞天登月的飞船、能在大地上高速行驶的列车。到了今天，这些关于未来的想象已经全部实现了。那么，当有人——例如马云——用自己的一生来真诚地勾勒出一幅关于未来的图像的时候，我们有什么理由认为它不能实现？

相信"相信"

　　我经常说：我相信"相信"！①

　　不得不说，这应该是马云的肺腑之言，他太需要相信"相信"了，因为他往往在最关键的时刻被别人质疑。他就是一个造梦者，不懂 IT、不懂技术，在一群 IT 和技术高手之中经常提出一些在他们看来根本不可能的事情。他向来相信自己的直觉和判断，因此从不轻易放弃自己的想法，结果不得不经常跟自己的同事吵来吵去。

　　在 eBay 占领中国 80％以上的 C2C 市场份额的时候，马云宣布挑战 eBay，进军 C2C 领域。这个蚂蚁战大象的决定引发了阿里巴巴的合伙人强烈的抗议。事后马云说："他们从第一天开始已听不懂我的话，但还是每年投钱进来，现在他们都说：'Jack，我不跟你吵，你去干吧！'我跟公司 COO（首席运营官）也是吵了六年了。每年我们打赌一万元看我说出的话能否做到，结果第七年他就不跟我吵了，也不再跟我赌了。"②

　　马云强烈的自信是阿里巴巴功不可没的推动力。在决定辞职下海创建网络公司时，马云脑海里其实什么概念都没有，但他相信自己的判断和直觉，坚持自己的说法，实在说服不了同事时，就不得不"命令式"地要求："你们立刻、现在、马上去做！立刻！现在！马上！"

　　马云说："只有真正知道自己要做什么的时候，你才有可能承受住所有的

---

　　①　阿里巴巴集团：《马云与员工内部对话》，红旗出版社 2013 年版，第 82 页。
　　②　刘晓航、赵文：《马云：我的团队永不言败》，华中科技大学出版社 2010 年版，第 31 页。

压力，所有的指责。确定你要做什么，这需要你有使命感。"①只有意识到自己真正要做什么的时候，一个人才会有真正的判断力，他的"相信"才会值得他自己和其他人相信。阿里巴巴成立初期，马云决定搞 B2B 商业模式，有人说，如果阿里巴巴能成功，无疑是把一艘万吨轮抬到喜马拉雅山顶峰。面对这样的怀疑，马云对同事说："我们的任务是把这艘轮船从山顶上抬到山脚下。别人怎么说，没办法的事，你自己要明白，我要去哪里，我能对社会创造什么样的价值。我们希望创造一个真正由中国人创办的让全世界感到骄傲的伟大公司，那是我的梦想和我们这一代人的梦想。"②

在马云的"我相信'相信'"背后，是马云关于自己当下处境乃至所处的社会和时代的某种敏锐的判断和明确的责任感，他意识到网络对于商业领域和当今时代的重要性，从而也就意识到自己的社会责任和历史使命。他根据这些因素提出了种种在别人看来是不可能的事情，但事实上，社会和时代的发展必然会赋予这些不可能性以某种条件，使之最终被实现。为什么马云在跟别人打赌自己的话是否能做到时，结果总是马云赢？其实并不难理解：他比别人更早地意识到社会和时代发展的某种变化和需要，因此他所说出的话必然能够在未来中寻找到实现自身的条件。

直觉是上帝赋予每一个人最为珍贵的礼物之一，但却也是被人们摒弃最多的天赋之一，因为他们从都不敢相信自己的直觉。但是成功的人和伟人懂得珍惜直觉，勇于利用直觉。马云就是一个鲜活的例子：他勇敢地相信自己的"相信"，因而成就了阿里巴巴帝国。

---

① 张笑恒：《果断放下的马云》，台海出版社 2013 年版，第 70 页。
② 不吃西红柿：《请坚信自己的选择》，http://www.366jb.com/portal.php? mod＝view&aid＝832，2011 年 12 月 4 日。

第三章
另类公司："土得掉渣"

　　关于创业，马云一开始的想法就很"接地气"，他不想搞高科技，觉得那种东西离生活很遥远，他需要做一种最简单、最容易懂的产品，让每一个人都会用并且依赖它。他想做一个"土得掉渣"的阿里巴巴，只为普通人服务、只"抓"小虾，不追求"高大上"。阿里巴巴就是这样一个"接地气"的企业。这是一种很好的创业理念，因为最大的市场永远是普通人日常生活必然会涉及的领域。

最早的 "BBS"

我发现长城上面很多人都写着"张三到此一游"、"李四到此一游",我发现这是中国最早的 BBS,所以从 BBS 入手,阿里巴巴最早是从 BBS 着手。[①]

1999 年,马云决定回杭州重新开始创业。离开北京前,他和他的团队成员决定去游长城,他们在长城作完一番"惊天动地"的宣誓后("在长城上面我们发誓这辈子一定要做一家让中国人骄傲的公司,我们把钱、把名、把一切都搁在一边,只专注做这一件事儿"),他偶然发现,城墙上到处写着"某某到此一游"的涂鸦。马云脑海中一道灵光闪过,他似乎看到了某种全新的东西。

将"涂鸦"搬到网上还只是马云的一个朦胧的想法。阿里巴巴成立初期,马云和他的团队发现,网上为客户提供增值服务而设立的 BBS 论坛特别活跃,很多客户在上面"信手涂鸦",都是一些与外贸相关的买卖信息,甚至会提供自己的联系方式。随着点击量的增加,马云开始研究这个论坛,他突

---

① 华胜:《马云传奇》,中国经济出版社 2009 年版,第 81 页。

然明白了 BBS 为什么在国内这么受欢迎。中国人喜欢到处写写画画，优雅点说就是"题字"，直接点说就是"涂鸦"。长城就是最早的 BBS。想到这里，马云明白了，阿里巴巴要做的就是"BBS"，它应该像一个大字报栏，谁想卖东西就把相关信息贴在上面，他要做的就是提供这块报栏并对信息进行审核和分类。

"阿里巴巴最早其实是个 BBS，我们把每个人想买或者想卖的东西放在网上。我们大家都知道 BBS 是一个倡导自由的地方，但我当时跟我们的技术人员讲，贴在我们 BBS 上的每条信息都必须先检查并进行分类。……在我们的 BBS，每一个贴上去的信息都要被检查、分类。"[1]

1999 年，马云被邀请去新加坡参加"亚洲电子商务大会"，在会上他表明自己要做一个中国特色的网站，但他当时还根本不知道自己要做的是什么。现在，他慢慢清楚了，他要做的不是去复制国外的模式，也不是用国外的模式作为标准来衡量自己的想法好不好。他要做一个最符合中国人日常生活的网站，一个最不洋气的"土包子"。阿里巴巴的 BBS 模式就是这样一类模式，新得让很多网络专业人士摸不着头脑，因为在阿里巴巴网站里既有买家也有卖家，但彼此又没有直接交易，这跟国外任何一个网站模式都对不上。马云说："阿里巴巴的所有模式都是在走自己的路，我们是一路走，一路摸索。"[2]

2008 年，被称为"投资天使"的软银董事长孙正义决定投资阿里巴巴，他的理由是："马云，你会成就第一家真正的中国互联网公司，由中国人自己创立新的商业模式，并在这个模式里取得世界第一。在当时，多数互联网公司，不管是日本的还是欧洲的，他们只是复制美国的成功模式。阿里巴巴创立了一个新的商业模式，因此，你一定会成功。……如果说哪家非美国公司能向全球市

---

① 朱甫：《马云管理思想大全集》，海天出版社 2011 年版，第 153 页。
② 华胜：《马云传奇》，中国经济出版社 2009 年版，第 92 页。

场推广一种全新的商业模式，那就是阿里巴巴了。"①

阿里巴巴的成功关键在于创新，而且是在最符合自己的目标市场——中国——的创新，它不在乎"土"，相反，它刻意去使自己"土"，接地气、取民心，在此基础上创立"中国特色"，这是马云对自己在新加坡时说的"我不知道我要做什么"最好的回答。

只服务普通人

80％的人跟我一样蠢，我希望不看说明书，不看任何东西，上手就会用。②

倒立者赢天下，这是阿里巴巴的成功逻辑，对这种逻辑有一个很形象的理解：只有倒立，双手才能着地，才能够真正贴近大地行走，这种姿势用现在最流行的说法，就是"接地气"。阿里巴巴是一个很"接地气"的企业，马云将其定位为为别人服务的公司，它拒绝高科技，因为越是高科技离普通消费者就越远。在阿里巴巴成立初期，马云亲自做了一年质量管理员。他是一个"电脑盲"和"网络盲"，任何程序要简单直观到他能够不看说明书、不听别人长篇大论的介绍就能够直接使用，这就是合格的标准。即使在阿里巴巴获得巨大成功后，马云仍然使用这种"质检标准"。

马云的助理陈伟所撰写的《这才是马云》中说到这样一个故事。陈伟是一个比马云更加"电脑盲"的人。有一次，他被口碑网一个项目组的领导邀请去

① 王晓慧：《马云 vs 孙正义：两个"疯子"的对话》，http://it.sohu.com/20080905/n259394224.shtml，2008 年 9 月 5 日。

② 魏昕、石海娥：《马云帝国内幕》，新世界出版社 2013 年版，第 93 页。

"指导"他们的工作,接到此任,陈伟心里颇为得意,面对项目组领导各种谦虚的提问,洋洋自得地给出了各种"意见",项目领导也非常谦逊地接受了。但事后陈伟得知这次所谓的"指导"是马云特意安排的,目的是让他做一回项目的质量管理员,理由令人啼笑皆非:"要有更多的客户,就要把网页做到极致的简单,要让从前不上网的人一来就会用。现在整个公司里只有陈伟一个网络白痴,让他来看,他看懂了,说明产品可以上线了。"[1]

越简单,其实也就越深奥;越复杂,很可能就越没水平。这甚至可以说是马云的一种管理哲学。要把一种简单的东西变成能够服务每一个人、每一个人都愿意接受的东西,其实是一道难题,美国好莱坞的电影之所以能够风靡全球,就是因为它们的情节很简单,甚至千篇一律。但是,它能够抓住每一个观众的神经,因为它们说的是每一位观众在日常生活中都可能会遇到的或期望的事情,越是复杂的、离普通大众日常生活越远的情节,反而越不能被人们普遍接受。最好的模式就是最简单的模式,这应该是大多数旨在为最广大消费者服务的企业所应当遵从的一种管理思想。

"最优秀的模式往往是最简单的东西,尤其初创的时候寻求简单很重要……这是我们的一个建议,你的模式要单一、简单,能说清楚,不要怕别人会拷贝,(因为)别人不一定像你一样特别想把这件事情做出来。优秀公司的模式都是单一的,复杂的模式往往会有问题,尤其是初创时期。"[2]马云曾在《赢在中国》节目上如是说。

---

① 陈伟:《这才是马云》,浙江人民出版社 2011 年版,第 62 页。
② 朱甫:《马云管理思想大全集》,海天出版社 2011 年版,第 205 页。

《阿里巴巴的一千零一个错误》

（阿里巴巴）犯过所有公司都可能犯过的错误，吃了不少苦头。现在时兴写书，如果我以后想写的话，书名就叫《阿里巴巴的一千零一个错误》。[1]

其实马云在创业时期也犯过一些很低级的错误。1999年，阿里巴巴网站刚建立仅一个月，就有30多家风险投资商要投资阿里巴巴，马云最后接受了以高盛为首的投资集团给出的500万美元投资。这笔钱一到账，马云便开始从香港和美国大量引进在海外有优秀履历的人才加盟阿里巴巴，其中包括雅虎的搜索器之王——吴炯和WTO前总干事萨瑟兰等。当时阿里巴巴在美国硅谷就有30个工程师，他们的年薪没有一个是低于六位数的，其开销比杭州总部200多人的总开销还要多。"避免国内甲A联赛，直接进入世界杯！"这是马云当时"血气方刚"的口号。

但很快马云就发现出了问题，阿里巴巴的英文网站总部放在硅谷，但硅谷只有技术精英人才，阿里巴巴网上交易所需要的贸易人才却要从旧金山、纽约等地"空降"来硅谷上班，造成巨大的成本浪费。更重要的是，这些高薪聘请来的员工的愿景、思路、想法等都与马云不同，根本无法共事。

发现错误后，马云立刻着手解决。2000—2001年，他开始裁员，几乎把整个美国办事处的人都解雇了，香港、韩国和昆明等地方的办事处也被关掉。大裁员产生的效果立刻见效，阿里巴巴每月的开支从100万美元降到50万美元，几乎每个月的开支都可以做到低于预算15%左右。阿里巴巴的高管们也

---

[1]　华胜：《马云传奇》，中国经济出版社2009年版，第139页。

身体力行,出差时不坐出租车,只坐地铁,住店只找 300 元以下的房间。一次马云和几个高管出差住店,饭店人员不小心把马云那张旧得落伍的信用卡弄断了,为了作弥补,旅馆让他们免费住了一晚,他们为省了 300 元高兴了好一阵子。

"这 1 个月,我们是有损失,但得到的比损失多,至少我们懂得了全球化。所以我们买的是犯错的经验,这是阿里巴巴的价值。"[1]马云说。

在阿里巴巴,马云允许员工"犯错",只要不涉及原则问题,错误都是可以被原谅的。在 2010 年的一次谈话中,他说:"由于允许自己犯错误,做事情就会轻松起来。什么叫创新,就是认真地玩。很认真地玩的时候,就是在创新,创新必须是放松的。"[2]对马云来说,"犯错"能够促使人更快地成长,一方面,允许犯错,心态就会轻松,而这正是创新所需要的。另一方面,错误也是一笔财富,每个人都不是圣人,人都是在犯错中不断成长。向来给人以"电子商务的榜样"印象的阿里巴巴,其实也是从犯了无数次大大小小的错误中走过来的企业,它不是一个优秀得能够避开所有错误的企业,也不是一个爱面子到不敢承认错误的企业。关键在于,它敢于承认错误并及时弥补,并且对错误进行深刻的反思,尽量避免以后再犯。马云甚至提出这样一个命题:发展就是试错[3]。互联网是一个没有经验的行业,任何人都会犯错,但是,犯错本身也具有价值,关键在于把错误转化为企业本身的价值和成长的经验,这就是不可多得的"资本"。

有一次,马云请教太极高手王西安大师拳法,期间他问了王大师一个问题:"您和您的两个儿子在太极的造诣上谁更高?"王大师说,由于自己文化水平不高,表达不清楚,所以在练太极的过程中犯了很多错误,走了很多弯路;他

---

① 华胜:《马云传奇》,中国经济出版社 2009 年版,第 131 页。
② 阿里巴巴集团:《马云与员工内部对话》,红旗出版社 2013 年版,第 5 页。
③ 华胜:《马云传奇》,中国经济出版社 2009 年版,第 138 页。

的两个儿子在他的指导下没有走什么弯路，十几岁的时候就已经打遍天下无敌手了。马云沉默了一会说，其实王大师正是因为犯了很多错误，所以才更强大、更有经验，遇到高手必定能够很快找到打败对手的方法，而他的儿子则不一定能做到这一点。

相信这是马云的经验之谈。对他来说，错误既然不可避免，那么就不应逃避，坦诚面对，及早犯错，才能够真正从错误和失败中吸取教训，更早、更快地"茁壮"成长。

只抓小虾

亚洲是最大的出口基地，我们以出口为目标。帮助中国企业出口，帮助全国中小企业出口是我们的方向。我们必须围绕企业对企业的电子商务……国外的 B2B 都是以大企业为主，我以中小企业为主。鲸鱼有油水，资金、人力、技术都很充足，像 Commerce One、Ariba 这样的欧美公司来到中国，他们的目标就是找鲸鱼。[1]

20 世纪末，马云从新加坡参加"亚洲电子商务大会"回国后就做出了决定：所谓的"中国特色"电子商务就是为中国中小企业服务的电子商务。当时全球互联网所做的电子商务基本上都是为全球顶尖的少数大企业服务。但是，马云清醒地认识到，在亚洲，中小企业占比十分庞大，在企业群体里面它们是最为广大的"群众"，只有为最广大的"群众"服务，才有真正的出路。马云用一个数据表明了自己的决心："弃鲸鱼而抓虾米，放弃那 15% 大企业，只做 85% 中

---

[1]　朱甫：《马云如是说》，http://book.sina.com.cn/nzt/live/spi/myrss/13.shtml，2008 年 2 月。

小企业的生意。"①

"只抓小虾"的决策背后蕴含着阿里巴巴的好几层智慧。马云不看好在中国为大企业服务的电子商务，当初他辞掉外经贸的工作的一个原因就是，当时领导认为电子商务应为大型国有企业服务，而马云坚持认为，电子商务只有为中小型企业服务才有出路。马云认为，一方面，为大企业服务是某种"跟风"的做法，以为大企业有油水可以捞，未经深入的思考就贸然介入是不值得提倡的做法，太多电子商务都挤到大企业这座"桥"上，落水是必然的。另一方面，等到想清楚应该怎么为大企业做电子商务时，大企业就会自己去做，结果必然是大企业会把你"甩"了。

马云认为，中小企业特别适合亚洲和发展中国家，"发达国家是讲资金讲规模，而发展中国家在信息时代不是讲规模而是讲灵活，以量取胜，所以我们称之为蚂蚁大军。阿里巴巴每年的续签率达 75%，要知道中小企业的死亡率可以达到 15%，他们续签首先说明他们已经活下来了。"②中小企业为数居多是中国乃至"亚洲"的特色，它们的"体格"虽然瘦小，生命力虽然不够强大，但是，这么多中小企业联结起来，必然能撑起一片广阔的空间，它们有足够的能力为一个以服务它们为宗旨的电子商务企业提供充足的"油水"。

马云的判断是正确的，至少是符合中国乃至亚洲"特色"的。现在国际商业环境也开始慢慢认同阿里巴巴的做法，作为世界第二大电子商务运营商的 Commerce One，现在也开始投资亚洲汇商网络公司，做起中小企业的生意；其他诸如美国 AOL 等"识时务"的企业，在亚洲的战略上也倾向于投资中小企业。

在电子商务领域，马云"只抓小虾"的战略和视角无疑是另类的，一开始这个战略让人大跌眼镜，因为在一个追求"高大上"的时代，主动去追求"低小下"

---

① 华胜：《马云传奇》，中国经济出版社 2009 年版，第 97 页。
② 朱甫：《马云管理思想大全集》，海天出版社 2011 年版，第 156 页。

不仅不是一种聪明的做法，甚至是一种土到"不识时务"的做法。但是，这些外界的判断丝毫动摇不了马云的决定，因为他就想做一个"土得掉渣"的企业，这个决策以及往往令人意外的阿里巴巴成长逻辑里面蕴含着的智慧和哲学，不是所有人都能看透的。

02

第二篇

"倒立"的战略智慧：

凌波微步,步步创新

"凌波微步"一词出自《洛神赋》,原文是:"体迅飞凫,飘忽若神,凌波微步,罗袜生尘。动无常则,若危若安。进止难期,若往若还。"原意是描述洛神体态轻盈、能够浮动于水波之上,仪态万方。金庸在其小说《天龙八部》中,用"凌波微步"来形容一种巧妙的轻功,它以《易经》六十四卦图为基础,人们按照一定的顺序踏着这些卦象的方位,就能练就一种奇妙的武功,用"凌波微步"来形容再恰当不过了。实际上,在竞争激烈的商业环境中,人们也需要学会"凌波微步",因为这是一种"上乘"的轻功,它能够让人巧妙地避开各种危险和灾难,使得敌手难以预测自己下一步将会做什么。事实上,马云在阿里巴巴发展历程中的种种巧妙创新就是这样一种"凌波微步"。

第四章
大时代，"小"创新

　　我们都处在一个大时代里。经济全球化让我们不再只是生活在自己的世界，而是生活在一个全球化的大世界里，其中很多东西都已经被固定了下来，经济发展的规律、时代潮流、历史的方向，这些宏大叙事已经成了我们生活中的一部分。很多人会感叹，我们生活在一个完全身不由己的世界中，我们所做的一切似乎是自己的选择，但实际上却是背后一股又一股的强大力量在支配着我们。这是一个大时代。但是，马云并没有被大时代的宏大叙事吓住，似乎是他瘦小的身体令他能够在这个被强大力量束缚住的时代里游走自如，但实际上，不是他瘦小的体格，而是他精明的脑袋让他能够在这个密集的世界中凌波微步，步步自如。

紧贴自己的客户

当时很多人很奇怪阿里巴巴怎么把总部设在杭州,而没有设在北京、广州,到今天为止我还是坚定不移地相信阿里巴巴总部设在杭州没有错。第一,任何公司都必须贴近自己的客户,客户在哪里你就要在哪里,如果今天阿里巴巴是做电子政务的话,我们就应该搬到北京去。做电子商务必须在离中小型企业最近的地方,也就是说浙江、江苏、广东一带,杭州就很好。①

杭州乃至浙江向来给别人的印象都是民营企业之乡,企业群以中小企业为主。因此,对于大型企业,杭州没有北京、上海、广州等地的吸引力。很多商人开设企业,都会首先想到把总部设在北京、上海、广州或香港等地,很少会设在杭州。

马云走了一步妙棋。阿里巴巴旨在为中小企业服务、"解救"中小企业,浙江是全国中小企业最为集中的省份,因此,把阿里巴巴的总部设在杭州,走到离客户最近的地方,因而也就获得了近水楼台先得月的优势。马云曾很感慨

---

① 朱甫:《马云管理思想大全集》,海天出版社 2011 年版,第 141 页。

地说道:"我们本来准备把总公司放在上海,后来还是放在了杭州。最后我们突然发现杭州还是自己的家,杭州的几百万老百姓因为阿里巴巴回来而感到骄傲,我们杭州的出租车司机在帮我们做广告,杭州西湖上划船的人虽然不知道阿里巴巴是什么,但知道反正我们(杭州)有一个公司叫阿里巴巴。"①

马云很清楚,如果把总部设在北京或上海这些地方会遇到什么样的情况。北京国有企业众多,拥有相当多的社会资源,阿里巴巴在北京没有任何优势。而在国际金融大都市上海,更推崇微软、IBM 这样的大型跨国公司,阿里巴巴很可能无人问津。

阿里巴巴生存的目的是帮助无数的中小企业,马云的妙棋不仅仅体现在他把总部设在杭州这个颇有"乡土情结"的做法中,精髓在于紧贴自己的客户。马云认为,公司在地理位置上必须尽量靠近你的客户,并及时反馈和回馈他们,为他们创造更多的价值。

把客户放在第一,而不是把股东放在第一位,这是阿里巴巴的特色。对阿里巴巴来说,只有客户才是真正的力量之源、生命之源,股东会给你钱,但给不了你真正的生命力;会给你策略,但给不了你信心和力量。电子商务作为一种做生意的平台,本来就应该走进数量占多数的中小企业群体之中,消融于其中,成为像电灯、电视一样的最为寻常和普遍的"日常必需品"。

马云准确地看到,网络是使中小企业凝聚起来的力量。"小企业好比沙滩上一颗颗石子,但通过互联网可以把一颗颗石子全粘起来,用混凝土粘起来的石子威力无穷,可以向大石头抗衡。而互联网经济的特色正是以小博大、以快打慢。"②而且,只有通过互联网,中小企业才能够获得更大的生命力。"只要通过互联网,这些小供应商就得以在全球范围内寻找客户;只要通过互联网,这

---

①　朱甫:《马云管理思想大全集》,海天出版社 2011 年版,第 141 页。

②　朱甫:《马云管理思想大全集》,海天出版社 2011 年版,第 206 页。

些小公司就可以把它们的产品带到欧洲、美国，带到全世界任何一个角落。"①

商场如战场，但商场也如棋局。在马云的眼里，这个棋局虽然在格局上有诸多方向已经被时代所决定，但是，他比别人看到了更多的"漏洞"。他只需要轻轻地把棋子放在一直被忽略的"漏洞"里，就能够抢获一大片天地。

创新，有时并不需要做多惊天动地的事情，它可能只需要换一个方向、换一种想法，在与别人竞争的过程中，机灵地微调一下自己的步伐和招数，往往就会赢得全盘胜利。马云深谙此理，因此能够在残酷的商业世界里面，凭借自己古灵精怪的各种"小花招"，一直走到今天，赢得无数的荣誉。

扔掉"好"方案

在网络经济时代，有时一个错误的决定要比没有决定更好。在作决定的过程中，如果一个决定出来以后有90％的人说好，你就把这个决定扔进垃圾箱里去。因为那不是你的。别人都可以做得比你更好，你凭什么？②

马云对于商机有自己非常独特的判断，他相信自己的直觉。在阿里巴巴成立初期，他就立志要做一个"亚洲特色"的电子商务平台，但那时对于什么是"亚洲特色"，马云并不清楚。他只是知道绝对不能把欧美的电子商务模式搬进中国，因为已经有千百人都试图走这条道路，自己再加入这个队伍，非死即伤。

无论是在商务决策还是在其他方面，马云都不需要别人提供的、特别是一

---

① 朱甫：《马云管理思想大全集》，海天出版社 2011 年版，第 225 页。
② 魏昕、石海娥：《马云帝国内幕》，新世界出版社 2013 年版，第 96 页。

致认可的"好方案"、"好答案"。据说，马云的工作包里一般都会放几本书，其中有一本一直没有换，它就是《道德经》。这本《道德经》很薄，没有很多注释。马云不希望别人的注释影响到自己对书本内容的理解，即使是名家达人的解释也不要。但是这丝毫不会影响马云对《道德经》的理解，他从中吸收到的，不仅有国学知识，更多的是一种返璞归真的灵动与深沉。

扔掉"好"方案的实质是在新时代走出新路径。孔子说："逝者如斯夫"，时间如长河一般永不停息，每个人的当下都处在时间的最前沿，面向的都是最新的、未来的东西。在瞬息万变的商业领域，只有理解了时间的流动不息，才能真正培养出创新的意识和能力。马云一直强调："淘宝要不断创新，支付宝更要创新，千万不要把支付宝做成银行的模式。"

有人私底下问马云："银行建立和发展已经这么多年了，该创新的银行早就创新了，我们真的还能再创新吗？"

马云没有正面回答这个问题，他意味深长地说："音符只有 7 个，而音乐家有千千万万，你怀疑过他们还能写出新歌吗？"①

一切现成的方案无论再好，都已经属于过去的时间，并且因为时间已经过去了，它也就无法再适应新的情势。新的形势将会使得一切"好"方案、"好"主意都重新被审判、定性，也会使得一切都重新成为可能。身为阿里巴巴最高层领导的马云，他时刻提醒自己站在历史的最前沿，不能被那"最好"的 90% 所迷惑。

"90% 的人都认为这条路很开阔，但是人多了就会拥挤。相反，如果是一条崎岖的小路，可能会越走越宽。因为只有你一个人在走，所以有时候你要倒过来看问题。大家都说好的时候，你要稍微冷静一下。"②

这是马云的风格。在阿里巴巴成长的道路上，他没有盲目地与别人大跨

① 陈伟：《这才是马云》，浙江人民出版社 2011 年版，第 112 页。
② 朱甫：《马云管理思想大全集》，海天出版社 2011 年版，第 10 页。

步赛跑,比谁走得更快。相反,他如同《天龙八部》里的段誉,在刀光剑影的环境中踏着八卦图的生死方位,走自己的路,凌波微步,着着妙棋,反而走得比谁都要好、都要快。

2300 元"买"诚信

有了这个程序(诚信通),我们才知道你是谁,以前谁和你做过生意,你以前的记录怎么样。这不仅对阿里巴巴有好处,更主要是对我们的会员有好处。这也是阿里巴巴向电子商务、网上交易进军的严肃的一步。[1]

阿里巴巴刚成立那几年,马云留意到,尽管网站的浏览量很大,但真正愿意完成交易的人并不是很多。经过调查,马云发现了其中的原因:阿里巴巴客户的诚信信息不健全。海外的媒体也评价认为,阿里巴巴的浏览量虽然很大,但由于网上用户缺乏诚信信息,影响了交易的完成;而欧洲的电子商务网站虽然不是很大,但由于网上用户的信誉度高,所以完成交易的比率远比阿里巴巴高。

马云后来在一次演讲中说,商人最关心的是信誉。阿里巴巴要想开设电子商务平台,就必须有信誉,信誉必须建立在社区的基础上。他们在网上做了调查,发现有98％的企业会员对于交易间的诚信最为关心,很想知道谁和谁做过交易,交易的评价怎么样等等。由此,马云做出一个判断:"坚信电子商务会影响中国经济,中国正因为缺乏诚信体系,缺乏网络基础的建设,所以它会有

---

[1] 魏昕、石海娥:《马云帝国内幕》,新世界出版社2013年版,第158页。

一个蛙跳式的发展。"①如果做好网上用户的诚信记录,那么,中国的电子商务必定会有一个大飞跃。阿里巴巴成立初期只集中力量在做信息流,但是,如果要建立起一个电子商务帝国,那么,信息流、现金流和物流都必须完善起来,而诚信是其中最为关键的一个环节。

2001 年 9 月"诚信日"那天,马云宣布阿里巴巴在网上推行诚信通产品。它是一个让企业建立自己的信誉记录的软件。阿里巴巴规定,在诚信通产品完善之后,网站将会对还没有使用该产品的会员停止所有服务。

刚推出来的诚信通年费只要 2300 元,这对于那些企业用户来说都算不上昂贵。2002 年 3 月,诚信通真正开通,但是一度备受企业用户的质疑。到 2003 年年初,诚信通的会员只有 2 万家左右,离马云提出的 10 万户的目标还很远。但到了 2005 年,诚信通的销售收入已接近 3 亿元的关口,10 万用户的目标也早已突破。

马云推出诚信通并不意在赚钱,而是要完善阿里巴巴电子商务平台,使更多用户在这个平台上放心交易。调查显示,阿里巴巴 85％的买家和 92％的卖家都会优先选择诚信通会员做生意,诚信通会员的成交率和反馈率远高于免费会员。

"诚信通其实很简单,以后谁要和你做生意,先看你在网上的诚信通活档案,你获奖了可以放上去,法院对你判决了也可以查到。我希望全中国企业都有一份网上的活档案,这是信誉的档案。"②说出此话的马云,已经不只是担当着一个商人的身份和角色,他甚至还担当着社会学家的角色。

2300 元的产品"买"来的诚信,在最为关键的地方为阿里巴巴的发展打通了瓶颈,从真正意义上促进了阿里巴巴的发展,让马云更接近"天下没有难做的生意"这个远大的目标。

---

① 魏昕、石海娥:《马云帝国内幕》,新世界出版社 2013 年版,第 156 页。
② 魏昕、石海娥:《马云帝国内幕》,新世界出版社 2013 年版,第 159 页。

"七剑下天山"

今天阿里巴巴是一个相对而言比较大的公司，这是我们的现实。我的理想是相信小公司。事实上，我们自己对自己的拆解比谁都快。淘宝我把它拆成了四家公司。很快，又有几家公司要拆。[①]

2012 年 7 月 23 日，一向"奇招频出"的马云再次亮出了他的"剑"，准确地说，这次他同时亮出了七把"剑"：他要将旗下的主要公司拆分为 7 个事业群，马云称之为"七剑"，分别是：淘宝、天猫、一淘、阿里云、阿里国际业务、聚划算和阿里小企业业务。在这次管理体系调整中，马云提出了一个新概念：CBBS。淘宝是 C，零售商和渠道商是 B，生产制造商是 B，电子商务服务是 S，组合成为 Consumer to Business to Business to Service 的市场体系，从而使阿里巴巴成为一个能够提供电子商务全面产业链的基础服务平台。

这次"七剑下天山"，每一把"剑"都承担着重大的使命，其中，阿里巴巴 B2B 聚集起来的中小企业将通过淘宝、天猫、一淘、聚划算等平台与消费者全面对接，阿里云则在打通底层数据中起到基础性作用，承担着使阿里巴巴从 IT(Information Technology，信息技术)到 DT(Data Technology，数据技术)转变的使命，从而使阿里巴巴最终形成一个有机的整体——从消费者到渠道商，再到制造商的 CBBS。

素爱武侠小说并且很喜欢中国武术思想的马云这次行动似乎表明，他正在想方设法打通身体内的"任督二脉"，将全身的真气融为一体，达到流畅无

---

① 阿里巴巴集团：《马云与员工内部对话》，红旗出版社 2013 年版，第 135 页。

阻、运用自如的境界——这是练武的最高境界。这层最高境界,站在商业的角度来看,也就是一种天人合一的最自然状态,它拥有一个健全的生态系统的生命力。马云说:"我们今天是个生态系统,不是一家大公司。阿里在建设的是一个生态系统,是一个真正的 ecosystem(生态系统)。"[①]

马云这种把企业往"小"里做的做法给商业界和媒体界带来了不少热门话题。在大时代里做"小"企业其实又是马云的一步妙棋。网络平台、特别是电子商务越来越大地刺激了消费者的消费欲望,当下我国经济的繁荣增长也在不断地提升人们的消费水平,消费者群体的力量越来越大,最终将会成为商品价值链的第一推动力。阿里巴巴总参谋曾鸣认为,在互联网上,由消费者端(C端)驱动的柔性化生产开始加速,多品种、小批量、快翻新正在逐步成为主流;但多年以来,工业时代的生产模式,其设备、工艺、流程、制度、理念,都是为"小品种、大批量"的大规模生产而准备的,存在很大的刚性。而今天互联网上大量分散的个性化需求,正在形成倒逼之势:消费者群体的力量越来越大的时候,未来的价值链第一推动力来自于消费者,而不是厂家,所以在这个意义上它是消费者驱动(Consumer Driving),而不是生产驱动(Manufacture Driving),这是一个根本的商业模式的变化。通过将子公司升级为事业群,打通消费者、零售商、制造商、渠道商和电子商务服务之间的节点,借助消费者群体倒逼的力量,能够促使事业群向更为健全和良好的状态发展,从而实现阿里巴巴与消费者之间的双向流动和互动。

其实马云一直以来都有将企业做"小"的打算,他曾说过,阿里巴巴未来的发展方向是从有到无。2013 年,他进一步将阿里巴巴拆分为 25 个事业群,进一步"小"化公司。事业群的出现虽然还不能证明阿里巴巴已经实现从有到无,但是,它已经在切实地往这个方向发展。马云对未来的展望是:"有了这个群以后,边上会有无数个小公司长出来。因为有这棵树,长了很多松果,有了

---

① 阿里巴巴集团:《马云与员工内部对话》,红旗出版社 2013 年版,第 136 页。

很多松果会来很多松鼠,形成了这样一个体系。"①这是马云的凌波微步:当阿里巴巴成了一个生态系统时,它所拥有的就不再是一棵树的生命力,而是无数棵大大小小的树木、小草乃至各种小动物的生命力总和,此时才是生命力强大的表现。

"阿里足球"

是变化成就了阿里巴巴,是人人参与让淘宝成为人们的生活。这个世界需要太多太多的变化,而专注、性感、永不放弃和一波三折的足球,带来的健康和快乐,是阿里巴巴选择回报给大家的最佳礼物。②

事实证明,马云就是喜欢不按常理出牌。

1995 年,对网络一窍不通的马云决定辞职下海创立网络公司。20 年之后,他"本性"不改,对足球一窍不通的他决定"改行"玩足球。2014 年 6 月 5 日,阿里巴巴集团宣布与恒大足球达成战略合作协议,阿里巴巴将向恒大足球注资 12 亿元,获得恒大足球俱乐部 50% 的股权。马云表示,希望通过与恒大的平等合作,共同促进中国足球的发展。

马云"玩"足球之事在媒体中掀起了大浪,成了 2014 年世界杯前夕各大报纸的"头条"。有人挖出了马云早在一个月之前就频频触"足"的记录,并把他摆"乌龙"之事也公之于众:据说,早在 2014 年 5 月中旬,就有媒体传开马云有

---

① 阿里巴巴集团:《马云与员工内部对话》,红旗出版社 2013 年版,第 136 页。
② 苏争鸣:《阿里巴巴要推"足球宝"? 12 亿收购恒大背后用意相当深》,http://www.qianzhan.com/indynews/detail/283/140605-b7a4d2a6.html,2014 年 6 月 5 日。

意收购杭州绿城的足球队、学校和医院;5月16日,又有媒体宣称马云曾在2013年慷慨地对绿城足球的"掌门人"宋卫平说要投资6亿元给绿城。5月17日,马云在即时通信工具"来往"上发帖回应最近关于自己与绿城足球的种种传闻,自称在大学踢足球时摆过乌龙。这一帖子有意无意地为半个月后马云"弃"绿城、转投恒大的合作埋下了伏笔。6月3日,马云再次在"来往"上发帖:"其实放不下的东西就千万别拿起来,走不出来的地方千万别侥幸进去。"随后自己回复说:"那就去干吧。"①此时的马云正在飞往广州的飞机上。而6月5日,关于马云"玩"足球的真相就公之于众了。

"阿里足球"的推出其实恰到时机。国家主席、"足球迷"习近平上任后,一再强调要推动中国足球走向世界,走向"世界杯",国内足球迷对中国足球走向世界的期待再一次高涨起来。借此机会,马云结伴"要么做第一,要么打败第一"的恒大足球,两大集团"双剑合璧",希望共同推动中国足球的发展。马云也认为,"阿里足球"最大的乐趣是阿里能够参与社会变革,与国内同行一起,共同参与转型;同时,以"快乐工作"为标榜的阿里巴巴也希望通过"玩"足球来传播快乐、健康和运动的理念。

有人也认为,"阿里足球"背后有马云更深一层的考虑,那就是为阿里巴巴的"宝宝"系列"添丁"。近年来,阿里巴巴陆续推出了余额宝、支付宝和耕地宝,它们几乎都获得了巨大的成功,特别是支付宝,目前已经成为国内网上支付最为常用的平台之一,曾经风靡一时的余额宝更是向整个理财行业投下了一枚"巨石",掀起了不少风浪,甚至促使银行上调存款利率。因此有人认为,马云借助"阿里足球"将会推出新产品"足球宝",把足球搬到网上,让广大球迷过足球瘾。足球在中国有广大的"群众基础",一旦占据了这个领域的制高点,那么回报方面自然不言而喻了。当然,至于马云最终的用意是什么,以及阿里巴巴如何借助足球来推出新的盈利模式,一切都掌握在马云手中。

---

① 新华社:《马云足球时间线》,http://finance.qq.com/a/20140605/007482.htm,2014年6月5日。

　　总之,毋庸置疑,"阿里足球"又是阿里巴巴大时代中的"小"战略,借助一个小小的足球,阿里巴巴又在跨界合作方面迈出了重要的一步,而且,根据阿里巴巴目前的状态,我们也有理由期待他的"凌波微步"在球场上踢出漂亮的一脚。既然 20 年前对网络一窍不通的马云能够把网络"玩"成一个商业帝国,那么,对足球一窍不通的马云在若干年后,或许也能够把足球"玩"出一个新世界。

第五章

"小"时代，大战略

　　人生的每一个阶段都是一个时代，这每一个时代相对于社会这个大时代来说，都不过是很小的一段个人历史。很多人很容易因此而觉得力量的渺小、生命的渺茫；有理想、有抱负的人则会觉得个体虽然小，却有四两拨千斤的力量，它能够撬动世界，创造新的秩序。马云必定属于后者。他个子虽小，但志向远大，在阿里巴巴的每一步成长中，都紧握时代的命脉、面向世界，虽然是凌波微步，却能够布下大战略。

"达摩五指"

　　某种程度上来讲,听起来好像很可怕,但事实上这五块业务,会促使人们真正成为整个中国经济发展的中心,我们最后收的是薄利,非常薄的利,但能让所有企业在我们的"达摩五指"上面成长发展起来。①

　　2006 年左右,阿里巴巴已经逐渐形成了 B2B 业务、淘宝网业务、阿里软件、支付宝业务和中国雅虎业务五大业务分区,这些业务各有各的领域,发展方向不同,发展程度也不同。马云看到,与其将它们捆绑起来一起发展,还不如拆分为各个分支,独立发展。2006 年年底,他已经开始构想如何拆分这五个事业部,他的目的不仅仅只是分别成立五家独立的子公司,而且还要求这五间子公司彼此间保持某种有机的关联,在整体上形成一张"阿里大图",逐渐铺向中国乃至全世界。马云的设想是,任何一个商人甚至消费者,只要涉及电子商务,就必然要涉及"阿里大图",不能有"漏网之鱼"。

　　在马云的设想中,这张大图共有五层,可谓"天网灰灰,疏而不漏":第一层

---

① 阿里巴巴集团:《马云与员工内部对话》,红旗出版社 2013 年版,第 78 页。

是由 B2B 铺开的信息网,第二层是由支付宝铺开的资金网,第三层是目前正在展开的物流网。如果人们能够避开前面三层,那接下来还有第四张数据网,这张网在正慢慢出现的大数据时代,将会成为具有非常大的张力的网。而在数据网之后,马云还设了一张无线网。总之,五网层叠,覆盖了网络时代中大部分的网络用户。[①]

马云把这五张大网称为"达摩五指"。如果他不是身处商业领域,而是任何其他一个领域,那么他"公然"宣称的"达摩五指"显然是一种覆盖中国的庞大野心,任何人听起来都会觉得可怕。但商业领域是一个没有边界的领域,在商业经济高度发达的今天,马云只是撒了一张网,建立"达摩五指"旨在把这张网织得更细密一点、更大一点,它将会促使阿里巴巴向一个更高、更大的方向发展。

"我们绝不亚于,并且一定会超越 Google、Facebook 这张图。"[②]

成立"达摩五指"既是马云为把阿里巴巴建成一个生态系统的举措,也是他关于阿里巴巴董事会结构的思考结果。如果阿里巴巴集团只有一个董事会,那么,如此庞大的、富可敌国的集团很有可能在将来某一天被控制在某家股东手里,这是一种危险的做法。因此,马云不如"大而化之",将阿里巴巴分解为五个独立的子公司;每家子公司都成立独立的董事会,从而避免了"独裁"的可能。

马云喜欢太极拳,懂得太极之道,什么时候合,什么时候散,什么时候放下,什么时候拾起,这里面包含太多的哲学思想。所幸的是,马云紧紧抓住了其中的机要,并将其转化为自己关于阿里巴巴的一个大战略。

马云把这种大战略称之为商道,而不是商术。在中国传统文化里,道代表的是一种天地运行的规律,它甚至高于天地之间的物理规律,是主控一切人

---

① 阿里巴巴集团:《马云与员工内部对话》,红旗出版社 2013 年版,第 77 页。
② 阿里巴巴集团:《马云与员工内部对话》,红旗出版社 2013 年版,第 78 页。

事、物事的力量。马云相信自己正在慢慢体悟这种道的内涵与力量,特别是在商业领域里,在某种程度上他正在按照道的启示而行动,阿里巴巴要"大而化之",化为天地之万物,从而消散于无形,但因而持存于一切生命之中。在太极辩证之道里,越是柔软的东西越是刚硬,越是细小的东西也越是庞大,阿里巴巴把企业往"小"里做,既是他在大时代中的"小"战略——这里的"小"并非指力量之"小",也是他在小时代中的"大"战略——这里的"大"并非规模上的"大";"小"与"大"的关系在这里其实是:阿里巴巴只有"小"到完全融入人们的日常生活中,才能够"大"到成为所有人都脱离不了的"必需品"。

铺开"天网"

我们不会抢快递公司的生意,阿里巴巴永远不会做快递,因为我们没有这个能力,我们相信中国有很多快递公司做快递可以做得比我们好。但是这个物流网(做)起来可能会影响所有快递公司以后的商业模式,以前我们认为对的东西可能不对了,因为它完全基于互联网思考。①

当下我国的物流产业随着电子商务的发展越来越完善,发展速度也越来越快。"四通一达"(即申通、圆通、中通、汇通、韵达)正呈"占领"中国物流产业之势,它们的布点甚至已深入边远地区和穷乡僻壤,但是有一个不争的事实:虽然当下我国物流产业发展迅速,但显然还跟不上电子商务主导下的包裹量的增速,而推动这些包裹量迅猛增长的一大动力,正是阿里巴巴旗下的淘宝业务。

---

① 海绵:《马云"复出"投资千亿搞"菜鸟"物流》,http://www.cb.com.cn/person/2013_0528/470088.html,2013 年 5 月 28 日。

对于物流产业,马云非常明智,他坚定地表示自己不会自建物流,他的理由是,目前中国没有一家企业能够真正承担起中国的物流产业。2012年淘宝和天猫年交易规模达到1.1万亿元,UV(网站独立访问者)日均达到1亿以上,PV(网站浏览量)日均达到10亿量级。国家邮政局公布的数据显示,2012年全国规模以上的快递企业共送出包裹56.9亿件,马云说其中有37亿出自阿里巴巴;2012年淘宝和天猫每日平均产生1000万件包裹,2012年"双十一"当天产生的包裹超过7800万件。目前中国还没有哪一家快递企业能够消化阿里巴巴如此庞大的物流需要。正因如此,马云坚持认为,阿里巴巴不能自建物流。

但是,这并不表示马云对物流行业毫不关心,相反,他的"野心"很大。马云深刻领会了物流行业的一条重要规则:能不流则不流。物流资源应在最大程度上得到有效的配置,能不流动就不要流动,否则这么大的物流量将会产生非常大的不必要成本。当前我国虽然已慢慢形成"四通一达"的物流产业,但事实上,物流产业整体上是被我国的电子商务发展"拖"起来的,整个行业总体看起来还很乱,没有长远的总体战略和发展格局。马云想到,建立一个网络平台,通过"货不动数据动"的方式来促使物流实现"能不流则不流",将会带领中国物流产业向更好的方向发展。"货不动"指的是并不直接干预物流的现实运营,"数据动"指的是通过一个平台连接商家、仓储、快递三方,建立大型的数据平台,通过数据实现物流资源的合理配置。

这个平台就是"天网"物流宝。物流宝是阿里巴巴历经四年的调查、研究和开发推出的一个网上平台,于2009年上线,它实质上是一个通过互联网形式对仓储物流服务进行数据化管理的第三方支付平台。商家把自己的货物放到淘宝网的合作仓库中,同时订单也会自动转到仓库的专业物流公司手中,并由物流公司配货、包装和发货。这种全国仓储配送一体化的网络平台,大大减少了卖家的成本,并且获得了专业的服务。

毫无疑问,这又是马云关于物流的一大战略。由于只涉及数据管理,所以人们把物流宝称为"天网"。马云遵守自己的诺言,不去抢物流公司的饭碗。但他正逐渐铺开这张"天网",打通厂家、仓储服务商、快递公司、配送公司和消费者之间的所有节点,促进我国物流产业向更科学的大格局发展。

打造"地网"

阿里巴巴能够带给物流企业的,除了我们的客户以外,最重要的是开放的思想。要提升自己,如果物流公司平时管五千人,突然说增加到三万人,你的系统就瘫痪掉了。[①]

早在马云对物流行业有所行动之前,他已经意识到物流对于阿里巴巴乃至中国电子商务发展的重要性。他认为,物流就相当于电子商务的血液,如果一个生态系统中没有循环流动的血液,那么这个系统不可能持续发展。但是,马云又看到,他不能随意插手去建立物流公司。一方面,他自认为不一定能够做得比别人好;另一方面,相比自建物流公司,从顶层对中国物流产业进行设计,为其制定一个更为合理的格局更有挑战性。对于马云来说,电子商务未来的发展方向既然是从有到无,深入社会最细节的肌理中,那么,电子商务所产生的物流也必然要由一个社会化的大平台来承担,而不是一两家超大规模的企业来承担。

马云曾在公开场合暗示自己这一想法,他说:"我们的想法,不是我们去做,而是我们支持现代物流,提升它的水平。如果需要资金,我们从资金上支

---

① 阿里巴巴集团:《马云与员工内部对话》,红旗出版社 2013 年版,第 18 页。

持;需要管理,我们引进管理;需要未来开拓,我们把淘宝接起来做。这是我们对未来的一个想法。"

2013 年 5 月 28 日,由阿里巴巴集团牵头的物流项目"中国智能骨干网"(简称 CSN)在深圳正式启动。这是由阿里巴巴联合银泰集团、富春集团、复星集团、顺丰快递等企业以及其他相关资本市场的金融机构、领军机构和银行共同成立的一个网络平台。马云表示,阿里巴巴计划在八到十年内让 CSN 实现支撑日均 300 亿元的网络零售额,在全国任何一个地区都做到一天内送货必达。目前,该项目已进入具体的实施阶段。

CSN 又被称为"地网",与被称为"天网"的物流宝相对应。"天网"负责对物流进行信息管理,"地网"则是通过建立干线仓储,支持和促进下游快递公司的发展,完善中国物流产业。

已经一度退居"幕后"的马云再一次走出来公开演讲,表述自己关于阿里巴巴物流战略的想法。他承认,CSN 是他近四五年来一直想做但还没做成功的事,现在终于实现了这个想法。他说:"因为现在中国每年有 2500 万个包裹左右,十年后预计每年 2 亿包,今天中国的物流体系没有办法支撑未来的 2 亿。所以我们有一个大胆设想,通过建设中国智能骨干网,让全中国 2000 个城市在任何一个地方能够 24 小时到货,只要你上网购物,24 小时货一定送到你们家,这是一个伟大的理想。"[1]

为了实现这个理想,马云思考了四五年,但一直不敢下手。他亲自到欧洲、美国和日本考察,发现这些国家和地区的物流很发达,其物流是基于 IT 的,而马云这个社会化物流平台的想法,则是别人所没有的。马云想充分利用中国的基础设施,发展社会化物流,他认为阿里巴巴若能作为民营企业参与国家基础设施的投资和建设,这将具有划时代意义。

---

[1] 海绵:《马云"复出"投资千亿搞"菜鸟"物流》,http://www.cb.com.cn/person/2013_0528/470088.html,2013 年 5 月 28 日。

"地网"的目标旨在促进我国物流产业的完善发展,从而促进中国电子商务的发展;同时为我国提供大量的就业机会,并促进中国的经济发展。关于这一点,马云有一个很明确的目标:希望中国的物流效率能有所提高。中国整个GDP 的 18% 来自物流,但是发达国家的比例只有 12%。这 6 个点如果能降下来,对整个国家经济效益的贡献非常高。毫无疑问,这是阿里巴巴在"小"时代里的一个大战略。

"天""地"合一

中国一定会诞生三家世界顶级的物流公司,是否有幸是你、是他、是我们,这靠运气和天赋,但是一定会有。[1]

2013 年 9 月 8 日,阿里巴巴相关负责人向《经济参考报》记者证实,其旗下"天网"和"地网"已正式合并,目的是"加大物流方面的投入、推进大物流战略;通过有效整合,用数据化平台助力整个物流行业发展"[2]。

马云这一步棋既出人意料,但也似乎在意料之中。马云虽然明言不会去抢物流产业的"饭碗",但他关于整合物流产业的想法却早已传遍整个商业界。他信誓旦旦地认为,中国一定会产生三家世界顶级的物流公司。在 2011 年年初,他也曾在一个聚集了全国数百家物流企业的高管的会议上,对这些高管们说:"(中国)一定会诞生新的物流行业领军者,他们善于学习、提升管理,他们

---

① 阿里巴巴集团:《马云与员工内部对话》,红旗出版社 2013 年,18 页。

② 侯云龙:《阿里确认天网、地网合并》,2013 年 9 月 9 日,http://dz.jjckb.cn/www/pages/webpage2009/html/2013－09/09/content_79487.htm? div＝－1。

有远见、为客户着想、为社会着想,因为中国缺这么几家公司,也必须有这么几家公司。"马云当着"四通一达"等中国目前最好的流物公司的高层的面说:"我今天跟大家讲,十年以后最成功的物流企业一定不是今天前十名","你们今天玩得'业余'"。①

口气如此"狂妄"的马云其实早就打好了自己的如意算盘,"天网"、"地网"的逐步铺开只是他的前奏,"天""地"合一的天罗地网才是他真正的目的。"天网"解决了物流数据化问题,"地网"解决了货物仓储问题,两者的合并使得物流和仓储有了大数据的信息化管理系统的支持。这正是建立一个顶级的物流公司的节奏。

虽然直到现在,阿里巴巴对此次合并都没有进一步的解释和说明,但不难想到,此次"天网"和"地网"合并并不是一次简单的业务整合。菜鸟网络部("地网")的相关人士也表示,此次合并将首先对天网和地网的业务加以整合,之后会组建一家新公司运营整合起来的业务。合并之后,阿里巴巴在完善物流方面又频频出招:2013 年 12 月,阿里巴巴向海尔集团注资 3.6 亿美元,组建物流合资企业,旨在将物流业务向家用电器和其他大型电器设备深度延伸;2014 年 6 月 12 日,阿里巴巴在北京宣布与中国邮政集团公司合作,双方在电商、物流、信息安全和金融等多个领域展开深度合作,促进中国物流产业的进一步发展。

关于阿里巴巴从有到无的大战略,马云在 21 世纪第一个十年之后,逐步取消了"中国电子商务"中的"电子",使阿里巴巴成为"中国商务"的根底运营商。此前,物流一直是阿里巴巴的一个瓶颈,也是中国电子商务的一块心病,它使得阿里巴巴还无法实现根底运营商这个潜在的战略目标。现在,"天网"和"地网"的合并已呈现出解决这个瓶颈和心病的趋势。其实早在 2012 年 12

---

① 王姗姗:《阿里巴巴百亿布局大物流》,2011 年 1 月 29 日,http://finance.sina.com.cn/roll/20110129/16049330696.shtml。

月,马云在与某地方政府的一次闭门会议上就曾说,期望 CSN 十年后成为中国商务——而不仅仅是电子商务——的根底设施。少了"电子"两个字,显然是阿里巴巴迈向从有到无、消散于无形的关键一步。

从 IT 走向 DT

绝大部分的人今天站在 IT(Information Technology,信息科学)的角度看待世界,以我为主,方便我管理。DT(Data Technology,数据科学)是以别人为主,支持别人,只有别人成功你才会成功,这是一个巨大的思想的转变。未来 30 年我想跟随大家,是你们会改变这个世界,是你们会把握这个机会。纠结、变革都是年轻人的机遇,也是这个时代的机遇。①

相对于 IT 这个概念,DT 这个概念对大多数人来说都颇为陌生,即使将其翻译为"数据科学"或"数据技术"等,也让大部分人一头雾水。

马云需要的正是别人的"一头雾水"!对他来说,时代永远在变化,要做到"拥抱变化",往往需要首先"拥抱"那些令人一头雾水的东西,因为新事物、新变化往往就是令人摸不着头脑的东西。

由于网络的兴盛,越来越多的网络公司拥有庞大的数据。作为国内最大的电子商务平台,阿里巴巴拥有 30PB 超大规模的数据,这些数据记录着广大消费者的各种购物经历,从中可以分析出一些具有非常高价值的信息,如不同年龄、不同性别的消费者的消费习惯等,这些信息对于厂家、商家以及其他一

---

① 罗提:《马云清华大学演讲:数据为王　世界正从 IT 走向 DT 时代》,http://news. xinhuanet. com/info/2014-07/01/c_133450335. htm,2014 年 7 月 1 日。

些机构来说非常重要,他们能够据此来调整自己的产品生产、市场定位以及销售时段等等,可以说,掌握了这些数据,就等于掌握了成功的一半。据说,腾讯QQ在全国有8亿用户,活跃用户达2亿之多。这是一个非常夸张的数据,因为通过QQ,我们就能够掌握全中国一半人以上的生活、学习和工作的许多内容,无论是对于政治上制定政策还是商家制定商业战略,都具有非常高的价值。

由于任何一个网站都可以记录网民的上网记录、浏览记录等,社会的未来发展趋势就必然慢慢从IT时代走向DT时代,从提供利用网络走向利用数据的时代。IT时代以我为主,我需要什么就从网上寻找什么,但DT时代以别人为主,别人需要什么我就提供什么,通过帮助别人成功从而使自己达到成功。因此,正如马云所说,从DT时代来看未来,将会是一个完全不同的、"倒立"的世界。

马云再次看见了一个"倒立"的世界,因此他再次发现了新的"生命力"。早在2012年,他就提出了阿里巴巴"平台、金融、数据"三步走战略,其中数据最为重要,因为它是"下海"捕鱼的渔民手中的那张网,没有掌握数据就是一张破网,掌控了数据就是一张密而不漏的好网。

马云说:"如何能够帮助下海的人、创业的人呢? 数据将改变这一切。假如我们为每个小企业装上一个GPS,为每个船上装上一个雷达,我相信你'下海'的时候,你更有把握,死亡率会大大降低,数据将会影响企业发展,将会影响世界发展。当然,数据是用来分享的,否则它就是一堆数字,一点意义都没有。"①

2012年7月,阿里巴巴设立首席数据官(CDO)岗位,负责推进"数据分享平台"战略,并正式推出产品"聚石塔"。聚石塔是阿里巴巴首次利用集团的大

---

① 马云:《马云绘阿里"蓝图":平台、金融和数据》,http://money.163.com/12/0911/08/8B3VLBPN00253G87.html,2012年9月11日。

数据资源开发的一种大数据商用产品,目前已有超过 2 万用户购买了这一款商品,从中获得了巨大的经济效益。但是,"聚石塔"只是阿里走向 DT 的其中一步,至于前路如何走,尚在探索之中。目前,阿里巴巴已经设立了数据平台事业部和横跨其他事业部的数据委员会,专注于对"大数据"的开发和应用。阿里巴巴 2 万多名员工中,其中有 1000 多名专门从事数据研究工作。

到现在,阿里巴巴所推出的数据产品除了"聚石塔"之外,还有"淘宝指南"、"数据魔方"等几种产品。截至 2013 年年底,阿里巴巴的数据运用平台(云计算)已经为近 100 万客户提供了服务,行业范围包括电子商务、金融服务、数字娱乐、医疗健康等。买数据是关于大数据的最为传统的商业做法,它并不是马云心中 DT 时代应有的商业模式。对他来说,DT 是一个新世界,因而应该有新的存在方式和发展方式,它们将会改变大部分人的生活方式,如同淘宝网改变了中国大部分年轻人的购物方式一样。这是一个非常宏大的战略,它预示着社会未来的发展,也预示着一个新世界的诞生,至于如何从 IT 走向 DT,这个过程无论对马云还是对其他人来说,都是一个痛苦的"分娩"过程,但也是一个挑战时代发展的过程。

第六章

声东击西的宣传方式

　　阿里巴巴最早的一次大宣传来自于国外知名媒体《福布斯》杂志的一次错误报道,它说在阿里巴巴网站可以买到 AK－47 步枪,这个消息轰动了国外媒体。由于此时的阿里巴巴刚走出"六个月不见媒体"的封闭期,关于它的信息还鲜见于媒体,一时间关于阿里巴巴的各种猜测和说法闹得沸沸扬扬,国内外媒体都掀起了报道阿里巴巴的热潮,马云也被推到风口浪尖,传遍大街小巷——而这正是阿里巴巴此时所需要的。这一次歪打正着的错误报道成为阿里巴巴一次成功的宣传,而且,似乎也奠定了阿里巴巴接下来的主要宣传方式:声东击西、四两拨千斤。

一个全世界人都知道的名字

要做这样一个电子商务的网站,做进出口贸易,做内贸的话,那必须是全球化的。网络必须是全球化的,我要起一个全球化的名字。①

马云是一个很爱"折腾"的人。

成立阿里巴巴之时,马云为自己设定的目标是要做一个世界前十名的网站,因此他认为,要起一个全世界人都能够记得住的名字。一个公司的名字就像一个人的衣服,如果只是混在名不见经传的寻常人群里,那么衣着如何不是特别关键,但如果要想混在国际名流的圈子里,衣着的好坏所产生的效果会被百倍地放大,好的话人们会记住你、欣赏你,差的话人们会忽略你、轻视你。

马云深知此理,他费了不少心思去想公司的名字。开始时最先确定的是Doubleclik,但这个名字已经被美国一家大网络企业注册了,它是全球最大的网络广告联营服务公司,后来的阿里巴巴是它最主要的中国客户之一。此路不通,马云只能重新想。他去旧金山出差,在街上发现阿里巴巴这个名字,觉

① 华胜:《马云传奇》,中国经济出版社 2009 年版,第 84 页。

得挺有意思。于是他先在一家咖啡店里问服务员知不知道阿里巴巴,然后又跑到大街上前前后后共问了60多个来自不同国家的人知不知道阿里巴巴,他们的回答都是知道,而且还知道"芝麻开门"。经过这一翻折腾,马云觉得终于找到了一个好名字,"阿里巴巴"不仅知名度高,而且寓意非常适合,他说:"(我们当时)没有想在中国做一个网站,(而)是想在全世界做一个网站,那时候就想了好多天,想个什么名字比较好。最后觉得阿里巴巴这个名字很好,第一人家记得住,全世界的发音都一样。然后我觉得阿里巴巴是一个比较善良正直的青年,他希望把财富分给别人而不是自己抓住财富。所以我们后来说这个英文叫 open sesame(芝麻开门),给中小型企业网上芝麻开门。"①

但不幸的是,这个名字也已经被加拿大人注册了。马云决意要定这个名字,他想方设法把它弄到手,与那个加拿大人周旋了几番,最后马云未经他同意就直接把3000美元打到对方账户中,终于把对方打动,拿到了域名。要知道,当时阿里巴巴的启动资金只有50万元,光一个名字就用掉了不少。

阿里巴巴是中世纪阿拉伯流传非常广的一个故事中的主人翁。他是一个贫穷的青年樵夫,一次无意中见到一队强盗用"芝麻开门"的密语打开一座宝藏的大门,他通过效仿这个做法获得了宝藏中的财富,但他并不贪图这些财富,而是把它们分给了其他的穷人。

这是一个关于善良的青年人做善事的故事,它所分享的是一种机智、勇敢和善良的普世价值,是任何一个民族都愿意接受并奉之为德行之美的价值观念。马云的阿里巴巴帝国其实所分享的也是这样一种价值观,它以"解救"中小型企业、"让天下没有难做的生意"为自己的目标,以创造社会价值、提供就业机会为自己的原则,以挖掘、促进我国的电子商务产业的发展为使命。也正因如此,"阿里巴巴"这个名字对于阿里巴巴集团来说,的确名副其实。

取名"阿里巴巴"为马云省下了很多广告费,因为大部分人都熟知这个故

---

① 华胜:《马云传奇》,中国经济出版社2009年版,第85页。

事,而且无论中文还是英文,发音都很容易,易记易说,对阿里巴巴集团来说是一种非常好的宣传、营销方式。虽然马云也没有试过专门去评估这个名字为阿里巴巴集团所带来的效益有多少,但是他心里很清楚:"我取名为阿里巴巴不是为了中国,而是为了全球,我做淘宝,有一天也要打向全球。我们从一开始就不仅仅是为了赚钱,而是为了创建一家全球化的、可以做 102 年的优秀公司。"

后来在成立 C2C 平台时,马云受到为阿里巴巴起名的启示,也煞费一番心思去想名字,最终取名为"淘宝"。这也是一个很容易让人记住的名字,而且每个民族、每个个人都有着偶遇一座金矿然后去淘宝的梦想。起一个易记易读、寓意直接但深刻的名字,是马云一种非常巧妙的品牌宣传方式,也是一种四两拨千斤的做法。

"马云"二字属于阿里巴巴

6 年以前公司市场部负责公关的人跟我说,要我接受媒体采访,那时我特别抗拒,我不想见媒体。我知道自己长得丑,别人一看都记得住,街上一走人家都认识,对自己不好。但是他后来跟我争论了三天,他讲了一句话,他说马云,你以为这"马云"两个字是你的吗?它是属于阿里巴巴的。以后我就开始接受记者采访了。[①]

很难相信,一向妙语连珠、语不惊人死不休的马云一开始时居然抗拒媒体采访!但是,实际上,马云是一个特别擅长处理媒体关系的商人,他擅长制造

---

① 李毕华:《阿里巴巴的营销策略》,海天出版社 2010 年版,第 87 页。

各种眼球效应,甚至被《福布斯》杂志称为"为吸引眼球而战"的人,阿里巴巴成立十多年来的历程,与马云的个人品牌效应分不开,马云与阿里巴巴实际上互为"名片",而且无论哪一张都举足轻重。

走出关于个人形象问题的困惑后,马云开始有意识地保持自己在公开场合露面的频率,他频繁地接触各种媒体,参加各种演讲、论坛和电视节目。关于马云在各类期刊和报纸的亮相情况,有人专门做了统计:从阿里巴巴成立起,截至2013年5月8日,《IT时代周刊》《中国企业家》两家财经类期刊分别发表了51篇和32篇题名包含"马云"字样的文章,名列国内财经类"消费"马云的期刊前两名;《21世纪经济报道》、《第一财经日报》两家财经类杂志分别发表59篇和58篇题名包含有"马云"字样的文章,名列国内财经类"消费"马云的报纸的前两名。①

频繁的亮相和积极的媒体参与态度着着实实地为马云打造了"响彻"国内甚至国外媒体的品牌效应,与其说是媒体在"消费"马云,不如说是马云在"消费"媒体。如今市场上关于马云的各种畅销书多如牛毛,各种假借马云之名出版的书籍也数不胜数,马云曾经很烦恼地说到这种过度的"名人效应":"每次去机场我都很忐忑,因为时不时又会冒出一本关于我的书。其实没有一本书是我写的,常会有人在机场买一本书让我签名,我很为难,因为很多时候我和他(她)一样都是第一次看到这本书,也不清楚里面写了些什么。"②

马云"消费"媒体的方式都很绝妙。2003年,当美国向伊拉克宣战时,马云意识到这是一个向国外宣传阿里巴巴的千载难逢的机会,他大手笔在美国的CNBC电视投放了大量广告,而且这些广告都在电台播放战况的黄金时段播放。这是一场全球"知名"的战争,在两国打得轰轰烈烈时,阿里巴巴也被"炒"

---

① 黄渊普:《马云明日离职,盘点下最喜欢消费马云的纸媒与记者们》,http://www.huxiu.com/article/14284/1.html.

② 陈伟:《这才是马云》,浙江人民出版社2011年版,马云序。

得轰轰烈烈,知名度连续"爆满",直惹得别人说马云在发美国的"战争横财"。

马云坦言害怕被人遗忘,他曾说:"当时大家烧钱,一个下意识的考虑是害怕被人遗忘。被人遗忘,一是被投资者遗忘,一是被媒体遗忘。我觉得,被这两类人遗忘都没事,千万别被客户遗忘。被客户遗忘才是最惨的。"①

在我们这个大众文化繁盛的时代,媒体知名度往往是一种财富,在媒体面前打造一种积极的形象,无论对于个人还是对于企业来说都是正面的营销。抓住媒体、善于"消费"媒体是一种非常重要的手段。特别是在商业领域,一次好的宣传往往会为企业带来意想不到的效果。马云的名字从他建立起阿里巴巴那一天开始已经不再属于他自己,正因如此,马云很积极地去"消费"各种媒体,为阿里巴巴争取更多、更好的宣传机会。

借"剑"论商

我想把西湖论剑作为将来中国中小企业发展、成长的领导艺术、领袖艺术的交流平台。这也是我们要做的社会责任。②

马云是一个典型的"金庸迷",入迷到把阿里巴巴的大大小小的会议室都以金庸小说中的名字命名,如"光明顶"、"达摩院"、"桃花岛"、"聚贤庄"等,而且,阿里巴巴的元老级员工几乎每个人都有一个外号,它们都是金庸小说中的人物:马云的外号理所当然是他最崇拜的风清扬,陆兆禧的外号是铁木真,邵晓锋的外号是郭靖,等等。后来,马云有机会与金庸相见,马云激动到把金庸

①　朱甫:《马云管理思想大全集》,海天出版社 2011 年版,第 169 页。
②　李毕华:《阿里巴巴的营销策略》,海天出版社 2010 年版,第 9 页。

小说从头到尾滔滔不绝地大谈特谈，而金庸却没怎么说话，似乎小说都是马云写的，而金庸只是一个读者一样。见面当天，马云想到要在杭州搞一个互联网的"高峰论坛"，原因是：身为国内互联网行业发展的最前端，有责任把国内互联网的现状和自己对其的看法公布于众。

"2000年，中国互联网喜忧参半。新浪、搜狐、网易在纳斯达克上市了。但由于市场的波动，也有人对互联网的作用产生了怀疑。在这个时候，我们有责任说说我们对网络现状和前景的看法。我们五个人（马云、丁磊、王志东、王峻涛、张朝阳）能坐在一起，开诚布公地与公众交流我们这几个月来的思考，给网络产业增加信心，就是最大的成功。"[1]这是马云举行"西湖论剑"的初衷。作为第一届"西湖论剑"，马云将其主题定为"新千年 新经济 新网侠"，最大的"看点"就是请金庸做评委，同时被邀请的还有当时风头正劲的四个网络英雄：网易董事长丁磊、新浪CEO王志东、8848董事长王峻涛和搜狐CEO张朝阳，这几个网络英雄都是金庸的"粉丝"，王峻涛是为了近距离看一眼金庸才来参加的，据说王志东的双胞胎女儿的名字是请金庸帮忙起的。

凭借金庸大侠的名声，"西湖论坛"吸引了众多有分量的人物，除了上述的四个网络英雄外，还有美国前总统克林顿、加拿大驻华外使及英国驻沪总领事、50多家跨国公司的在华代表，以及不请自来的上百名记者和600多名各行各业的观众。马云借"西湖论剑"赚足了眼球，而此时的阿里巴巴不过是一个刚出世的"小孩"，名不见经传，正如有位记者说："马云就像韩国举办奥运会，把跆拳道加入其中一样，顺利地把阿里巴巴向中国互联网界推销出去，虽然到这个时候大部分台下的观众还是不知道阿里巴巴到底在做些什么。"[2]但是，"西湖论剑"带给马云的是他在中国IT行业的巨大影响力和号召力。

"西湖论剑"后来成为阿里巴巴的一个传统节目，每年都会举办一届。从

---

① 朱甫：《马云管理思想大全集》，海天出版社2011年版，第178页。
② 李毕华：《阿里巴巴的营销策略》，海天出版社2010年版，第9页。

第三届开始,马云的东道主身份已经被大家接受和承认了。马云打算不定期地举办至少三十届"西湖论剑",借"剑"论商,保持自己在中国互联网行业的"理论"领导地位。不言而喻,马云已经逐渐展现出他的"教父"色彩,像一个远道而来的布道者,在各种平台上传播自己关于互联网未来发展的观点,引导人们在观点上不断地创新、在行动上不断地尝试。

"西湖论剑"的声名如今丝毫不比《射雕英雄传》中的华山论剑名气小。在金庸的笔下,华山论剑是一场激动人心的武学盛事,对中原武林同道的影响非同凡响;同样,在马云的努力下,"西湖论剑"也成了中国互联网的一场盛事,是中国各种大大小小的互联网高峰论坛中声名最为卓越的一个,至今已经举行了六届。它并不单纯是一场高峰论坛,而且还是马云打造个人品牌效应和影响力、树立阿里巴巴在舆论界的声望和形象的一种品牌宣传方式。

"深耕"娱乐

娱乐代表未来,如果不能把握未来,就像今天不知道"超女",你可能不知道这世界上很多事情在变化,所以娱乐是一种趋势。[①]

马云是一个很活跃的人。

虽然马云一直强调阿里巴巴只抓电子商务这只"兔子",但这并不意味着马云的关注点只在电子商务行业。他的发散思维让他看到娱乐行业的生命力和影响力。娱乐行业永远都是媒体最为关注的行业,大明星的一举一动,从工作到生活、从事业到感情,无一不是媒体的关注焦点,这是许多需要借助媒体

---

① 朱甫:《马云管理思想大全集》,海天出版社 2011 年版,第 180 页。

来打造自己声名的其他行业高层所不能得到的"待遇"。娱乐文化作为大众文化中最活跃的一种文化，最能够代表大众审美品位的变化趋势，很大程度上能够反映出中国年轻一代人的心理变化和审美情调，影视节目的受众与淘宝网的目标群体也有着很大程度的重合，这是马云关注娱乐行业的一个原因。

淘宝网最早于2003年开始与电影合作，第一次的合作对象是《韩城攻略》，但由于影片本身影响力不够大，淘宝网没有尝到甜头。2004年，淘宝网开始与《天下无贼》合作，深入影片的广告贴片、海报宣传和新闻发布各个环节，而且还在副产品和网络增值方面建立了合作伙伴关系，甚至在电影上映结束后，双方的合作还没有结束。淘宝网成为《天下无贼》影视道具的唯一拍卖商，小到电影中的鞋子、帽子，大到道具火车，都成了拍卖对象，这次拍卖使淘宝网成了观众高度关注的网站，虽然所有道具都从一元起价，但是成交价却高出好几千甚至几万倍。影片中刘德华穿的皮裤被炒到2万多元。通过这次拍卖，淘宝网极大地提高了用户关注度，既得利又得名。

2005年，为了宣传支付宝，马云再次借助电影进行营销宣传。他再次与华谊兄弟公司合作，请来《天下无贼》原班人马拍摄广告。《天下无贼》说的是王宝强饰演的傻根始终相信"天下无贼"，结果引来了一批大贼试图偷走他的钱，后来在幡然醒悟的一对"雌雄大盗"的帮助下保住了自己的钱，"天下无贼"的信念得以实现。在广告中，马云巧妙地借助了电影的情节，让傻根通过支付宝来汇钱回家，不仅省掉了"可以买一头驴"的手续费，而且也避免了财产不安全的风险。广告最后推出的广告词是"用支付宝，天下无贼"。

这个广告成功地把支付宝的安全支付理念宣传了出去，成为支付宝走向成功的重要一笔。马云尝到了借助娱乐来宣传的甜头，2006年6月，他参股华谊，以53.5万元的价格买下华谊兄弟10.7%的股权，并且始终保持自己的股权在10%以上。2006年，马云再次联合华谊兄弟，邀请陈凯歌、冯小刚和张纪中三大导演为"雅虎搜索"拍摄网络宣传片；2009年，马云在华谊兄弟的《非诚勿扰》电影中宣传诚信通,再次获得可喜的广告效果。

但是,马云并不满足于与娱乐界的"浅层"合作,他认为阿里巴巴要在这个行业内"深耕深挖"下去。2014年3月11日,阿里巴巴以62.44亿港元的资金投资文化中国,买下后者60%的股份,并与后者多位股东结成一致行动人,拥有其70.8%的投票权;同年4月8日,马云联手史玉柱斥资65.36亿元人民币购入华数传媒20%的股权;4月28日,阿里巴巴和马云旗下的云峰基金斥资12.2亿美元买下优酷土豆18.5%的股权。据称,阿里巴巴还有"深耕"娱乐产业的另一重大行动:2014年4月3日,阿里巴巴影视集团在香港悄然成立,阿里巴巴将围绕这一集团打造大视频战略,极有可能与文化中国旗下的陈可辛、王家卫和周星驰等知名导演和演员合作。

在网络行业越"玩"越专的马云对网络娱乐产业一直都保持着浓厚的兴趣,实际上已经在很大程度上超出了"娱乐营销"的范畴,而走向"娱乐制造"的领域,付费视频将是阿里巴巴"深耕"娱乐产业的重要发展方向。但是,借助网络娱乐产业这个专门为年轻人打造的产业,阿里巴巴能够始终在广大消费者心中保持高度的"曝光率",即使它真的"醉翁之意就在酒",在某种角度来说依然是一种声东击西的宣传方式。

第七章

来自太极的竞争智慧

太极是中国传统文化之精髓，它来源于《易经》，是关于万物相克相生之奥秘的一套哲学理论。《易系辞传》中说："古者伏羲氏之王天下也，仰则观象于天，俯则观法于地，观鸟兽之文与地之宜，近取诸身，远取诸物，于是始作八卦。"《易传》说："易有太极，是生两仪，两仪生四象，四象生八卦。"可见，八卦源自于天地万物运动的规律，同时也源自于太极，太极本身就是天地万物运动规律的一种抽象表达。在人类社会中，任何一种系统或体系都无法与天地自然这个大系统相比，大自然的生态系统蕴含着最为丰富和深刻的生存之道，一切人为的系统只有遵循这种生存之道，才能够获得持久的生命力。马云显然深谙此理，在他看来，太极藏着太多有用的秘密，只要获得若干启示，就会受益无穷。在阿里巴巴的成长过程中，马云的竞争策略与智慧有许多因素来自于太极的启示，也正因如此，阿里巴巴才能够显示出强大而持续的生命力。

守即是攻，攻即是守

我从来不看对手在做什么，但是我关心对手将来会做什么。看准了对手要走的方向，想办法抢到他的前面。等对手低着头走到他的目标的时候，抬头一看，原来阿里巴巴早就在路边等着他了。[①]

太极思想对马云来说一直是一剂良药。没有名牌大学的教育背景、没有留学海外的留学背景、没有 MBA 和 IT 专业的科班教育背景，但却能够在这个精英遍地的时代里创造出一个甚至连精英也没法创造出来的电子商务帝国，马云的确是一个神话，但是，神话的背后隐藏着中国传统文化最为精髓的奥秘。

太极思想给予了马云一套如凌波微步般微妙的竞争智慧。他说："我们必须抓紧以后放下，战略就是抓住以后放下，我们必须懂得什么时候收，什么时候放，什么时候合，什么时候散，这才是我对太极拳那么感兴趣的原因，这里面

① 沈威风：《淘宝：倒立者赢》，浙江人民出版社 2007 年版，第 25 页。

有太多的哲学思想在。"①

1995 年,马云在海外首次接触到互联网后,他意识到这是一个能够影响时代发展的东西,但令人担忧的是中国在互联网上几乎还是一片空白。他意识到必须开始采取行动,防范国外侵吞这块"大蛋糕"。出于自己的从商理想和志向的考虑,他也意识到是时候开始采取行动,进攻这块还没被别人注意到的"大蛋糕"。守即是攻,攻即是守,马云决定开始进攻"互联网",成为中国最早一批"触网"的创业者。

进攻即是最好的防守,这个竞争策略在阿里巴巴与 eBay 的竞争中表现得淋漓尽致。2003 年,电子商务巨头 eBay 以 100％的全资并购中国的易趣网,正式登陆中国的 C2C,对阿里巴巴虎视眈眈。此时的马云也已经意识到C2C 对于中国市场的重要性。这是一块还没怎么被开发过的"蛋糕",绝不能被国外企业抢走,而且,马云看出 eBay 显然想借此机会压制、挑战阿里巴巴。马云决定应战。但他并不是立刻写下"战书",而是闭门造车,从企业里抽调一支精英人马,全封闭式秘制阿里巴巴的 C2C 网络平台。三个月后,淘宝诞生,自诞生那天开始,淘宝网就担负着与 eBay 殊一死战的历史使命。此时 eBay 尚未意识到淘宝的力量之强大,它甚至扬言要在 18 个月内将这个新生儿扼杀于摇篮中。但是,淘宝网既然是马云专门为应战而打造的"铁盾"和"快马",那就肯定不会是一个手足无力的孩童。很快,在马云的亲自指挥下,淘宝节节胜利,并最终战胜 eBay,成为中国最大的 C2C 平台。

阿里巴巴攻守易位的竞争策略还有很多非常生动的例子。2004 年,马云注意到一个现象:在国外,Google 的强势发展影响到了 eBay 的发展。前者专注于打造搜索平台,后者专注于电子商务平台,本来井水不犯河水,何以彼此相克? 马云开始意识到,网络世界是一个整体,看似不相干的东西其实根底相联。互联网的一个主要作用就是提供强大的搜索功能,电子商务离不开搜索,

---

① 阿里巴巴集团:《马云与员工内部对话》,红旗出版社 2013 年版,第 78 页。

而且如果阿里巴巴不开始设"城墙"防范,Google 终有一天也会影响到自己的发展。据说 eBay 已经将大部分的费用都投放到与搜索相关的营销中去了。时不待我,马云立刻采取行动,他想到了雅虎和杨致远,便亲自到美国找杨致远商谈。2005 年 8 月 1 日,马云在北京突然宣布:阿里巴巴已全面收购雅虎中国,将花 10 亿美元打造互联网搜索。

马云攻守相易的竞争智慧有时并不会直接体现在那些与"现成"的对手的竞争之中,而是体现在与未来"潜在"的对手的竞争之中。他打造"天网"、"地网"的社会化物流平台,广撒资金到处投资文化产业、医药产业乃至体育产业等各类不同的行业,高调宣称要进攻 DT 时代等行为,其实也都可以被理解为他攻守易位的表现。随着电子商务的发展,物流必然成为整个电子商务发展的最关键"隘口",谁把守住了这个"隘口",谁就能够在很大程度上决定着电子商务的发展;投资不同的行业,为的是给阿里巴巴创立一个有机的、全面的生物链,形成更强大的生命力,防范那些不知道何时会在何处出现的对手;进攻 DT 时代更是为阿里巴巴的未来谋生路,抢占未来网络发展的制高点。

马云清楚地意识到,事物瞬息万变,根本容不得你去仔仔细细地看清楚敌人并坐下来商讨应对策略。因此,进攻就是最好的防守,防守也是最好的进攻。在商业的海洋里,数不清的暗流会在瞬间出其不意地将你撕得粉碎,在前进的过程中紧紧守住你的地盘,就是对别人最有效的攻击。

虚虚实实的招数

我既要扔鞭炮，又要扔炸弹。扔鞭炮是为了吸引别人的注意，迷惑敌人；扔炸弹才是我真正的目的。不过，我可不会告诉你我什么时候扔鞭炮，什么时候扔炸弹。游戏就是虚虚实实，这样才开心。如果你在游戏中感到很痛苦，那说明你的玩法选错了。①

实际上，马云一直都在玩着这个虚实结合的游戏。阿里巴巴面世之前，经历了六个月不见媒体的封闭期，一面世就迅速成长，在别人还没有反应过来时已经"身强体壮"了。淘宝网是秘密"捣鼓"出来的，如同一颗"肿瘤"，在未被发现时养足了力量，一旦被"诊断"出来，eBay 在中国的 C2C 市场上已经到了"晚期"了。阿里巴巴与杨致远的合作也是秘密进行的。诸如此类的事情在阿里巴巴成长过程中如家常便饭，这就是马云虚实相结合的游戏招数。

马云很看重虚实结合的道理，他说："从太极的道理来讲，虚实永远是相对的，虚的有多大，实的就有多大，假如虚的大于实，只能证明实的没做好，如果实的大于虚，证明虚的没有做好。""我们要的就是虚实合一，虚的价值观，实做；业绩实的，虚做。这个统一的话，将来组织部两三百号人，每个人再影响到自己的团队，就能把这个 DNA(阿里巴巴企业文化)传下来。"②

马云深谙太极之道对于中国管理文化的重要性，在我们这个或明或暗地处处崇洋媚外的时代，他很清醒地看到中国文化的优越之处，也看到"中体西

---

① 朱甫：《马云管理思想大全集》，海天出版社 2011 年版，第 261 页。
② 阿里巴巴集团：《马云与员工内部对话》，红旗出版社 2013 年版，第 30 页。

用"的必要性："我觉得太极拳带给我最大的是哲学上的思考。阴和阳,物极必反,什么时候该收,什么时候该放,什么时候该化,什么时候该聚。这些东西跟企业管理的道理是一样的。你去看西方的管理哲学,西方这一块管理哲学,是从基督教的思想过来的。包括日本的精益管理,也都有自己的哲学思想在里面的。中国公司的管理,要不就是从西方学一些管理思想过来,要不就是从日本学习一些流程管理的方法,没有一个文化根基。我认为我们必须要有一个文化根基,中国的管理才能够进入世界的管理财富中。从太极拳里悟出了儒释道文化,很有味道的东西。我把它融入到企业管理,这样我是很有根源的。否则你今天去剽窃了一下 GE 的六西格玛,明天去学习了一下日本的精益管理,后天再去学习下欧洲的资本运作,但人家的东西是有根基在里面的。你没有根基是不行的……我从太极拳看到道家思想,再从道家思想看到佛家思想和儒家思想,再通过学习明白整个西方的管理思想。在这里面,假如我能从中国文化的源泉里面诞生出我们的管理哲学思想,这个公司才能持久,才能进入世界级。否则你就是个剽窃货,就是山寨。中国绝大部分企业都是山寨货。"[1]

　　阿里巴巴成立十多年来,马云已经慢慢成为一个名副其实的创业"教父"。他有别人所没有的很多"理论",而且乐意宣传、"布道"这些具有哲学智慧的理论。它们不仅对于我们理解马云独特的创业思想和阿里巴巴独特的成长逻辑有帮助,而且对我们如何管理自己的成长过程也具有非常大的参考和借鉴意义,在此不妨静心体会马云的所说所做。

---

① 　阿里巴巴集团:《马云与员工内部对话》,红旗出版社 2013 年版,第 124 页。

"善待"对手

竞争者是你的磨刀石,把你越磨越快,越磨越亮。①

在商业领域,竞争是一门学问,善于竞争的人即使是蚂蚁对大象,也能够获得胜利;不善于竞争的人即使烧钱来买客户,也不一定能够战胜别人。对马云来说,竞争游戏要虚虚实实,对于对手的态度也要虚实结合。他曾总结说:"竞争者一般是有四个问题,第一你看不见,第二你看不起,觉得根本不是你的对手;第三,你看不懂,你什么都用过了,最后还是不行;第四你就跟不上。"②"善待"对手是马云的竞争态度。

马云不会跟他看不起的对手竞争,对于他看得起的对手,则会主动"挑战"。他有一个原则:主动挑战竞争对手:"我不让竞争者选我,当他还没有觉得我是竞争者时,我就盯上他了……人家盯着你,人家一打,你就跟着稀里糊涂地打,所以阿里巴巴这几年是人家在跟着我们模仿,但是不知道我们究竟想做什么,我选竞争对手的时候首先要看他们要去干什么,我在那里等着。"③

eBay 进攻中国市场时,马云很认真地选择它作为自己的对手。他与 eBay 边"斗"边学,后者是一个在 C2C 平台领域的成功公司,有很多东西值得学习,马云曾经说 eBay 的一口价、拍卖、买卖街以及免费策略这些模式阿里巴巴都会采用。除此之外,eBay 与用户良好的沟通制度和互动制度也是马云的学习

---

① 任政和:《阿里巴巴的企业战略》,海天出版社 2010 年版,第 124 页。
② 任政和:《阿里巴巴的企业战略》,海天出版社 2010 年版,第 120 页。
③ 朱甫:《马云管理思想大全集》,海天出版社 2011 年版,第 250 页。

对象。对马云来说,竞争是一种游戏,它的价值其实并不完全只在于谁胜谁负,还在于谁能够在竞争中获得更大的经验和价值,并借此发展自己。因此,即使在淘宝网战胜了 eBay 时,马云也并没有得意忘形,他说:"eBay 是一家伟大的公司,虽然我们在中国赢了它。"①

商业世界是一个有机的世界,对手与对手之间其实彼此依赖,两者竞争的结果并不必然就是你死或我亡,相反,和对手一起把蛋糕做大,也是商业竞争的一种策略。"竞争是一种游戏,不是你死我活的事儿。发展自己时,可以顺便在对方肩膀上拍一下,关掉两个穴位,但不能眼睛只盯着对手。"②2010 年,马云在一个网商大会上邀请了 eBay 的首席执行官约翰·多纳霍来参加,当时很多人都不能理解马云的做法。觉得把对手请来参加自己的会议是自露破绽的做法。马云说:"其实我和阿里巴巴的团队对约翰·多纳霍充满了尊敬,对 eBay 充满了尊敬,我们为什么会一起坐在这里,因为我们拥有一个共同的梦想。"③

对于同行的竞争者,马云往往首先表示出一种合作的态度,如对于拍拍网、有啊网,淘宝都表示出欢迎的态度,希望能够和它们一起把电子商务这个平台做大、做好。2008 年,淘宝网实施"大淘宝战略",推出 "Powered by Taobao"(淘宝动力)开放平台,向全球所有零售商、制造商、服务商和个人开发者开放淘宝,凡是参与"Powered by Taobao"战略的企业都可以共享淘宝的用户资源以及管理和运营经验。2009 年,淘宝开放"Taobao Open Platform"(淘宝开放平台)。与前者一样,两个开放平台都旨在为淘宝的"竞争者"提供联手合作、共同把蛋糕做大的平台和机会。2013 年,马云成立菜鸟网络公司,启动"中国智能物流骨干网"(CSN)项目,也并非为了"抢"国内物流行业的饭碗。相反,他要借用阿里巴巴的优势和资源,引导国内物流行业向更为科学合理的大格局发展,为竞争对手提供更好的发展平台。这些都是马云"善待"对手,一

---

① 沈威风:《淘宝:倒立者赢》,浙江人民出版社 2007 年版,第 3 页。
②③ 朱甫:《马云管理思想大全集》,海天出版社 2011 年版,第 255 页。

起分享"蛋糕"的做法。

"我希望到时候能看到一个百花齐放的景象。阿里巴巴为其他公司提供了经验教训和资源，其他公司发展起来，也会给阿里巴巴带来很多好处。在一个行业里，一枝独秀是不行的，也是危险的。中国的事情凡是三足鼎立才能使一个行业发展起来，至少做大三家才有钱赚。"①显然，说出此话的马云已经领略到太极中万物相克又相生的至深之理。

"大而化之"则天下无敌

我是一定要想办法投资跟阿里巴巴和淘宝网、跟阿里巴巴集团的所有行业进行健康竞争和补充的行业。我要把竞争环境培养起来，因为人最怕的是，打败你的人永远是你自己。我觉得人家说马云你有这个对手，那个对手，我一直觉得有对手、竞争是一件快乐的事情，是一种 game，是一种游戏。心中无敌，无敌于天下。②

心中无敌，在这里说的并不仅仅只是某种类似于个人自信心、蔑视对手的心理，而是一种"大而化之"的太极智慧。《孟子》云："可欲之谓善，有诸己之谓信。充实之谓美，充实而有光辉之谓大，大而化之之谓圣，圣而不可知之之谓神"。意思是，值得追求的东西是善的东西，自己有善则为信，全身充满善则为美，发扬出来则为大，光大之后能够感化天下即为圣，圣者高深莫测则谓神。当我们心中把某种善的信念大而化为天下之道时，在客观上一切事物都会受

---

① 朱甫：《马云管理思想大全集》，海天出版社 2011 年版，第 256 页。
② 朱甫：《马云管理思想大全集》，海天出版社 2011 年版，第 249 页。

到自己的感染;在主观上,则自己已心怀天下,不存任何芥蒂,如水之善,虽至柔至软但却强大无比。到达了这种境界,则天下无敌。

马云显然想追求这样一种渐入化境的境界。在一个竞争激烈的环境中,强手的眼里时时处处都有竞争者;但在真正的高手眼里,其实只有伙伴和朋友,高手即使仍然需要和别人竞争,但这已经不是竞争,而是一种"感化"的过程。金庸小说《天龙八部》中那个"扫地僧"面对几个号称天下无敌的对手时,不是暴跳如雷,以武制敌,而是温柔以待,以道化敌。他眼里根本没有敌人也没有朋友,只有尚未感化的俗人,而对于已感化之人,则已无所谓敌友,他们只是跟自己一样的"开化"之人。这是一种心中无敌则无敌于天下的至高境界。

阿里巴巴的目标是从有到无,像电灯、电视一样消散于人们的日常生活之中,这就是一种"大而化之"的境界。当你消散于人们的日常生活中的时候,你基本上就不会再有对手,因为人们已经离不开你,就像离不开电灯、电视一样。你会将一切进攻的力量化为乌有,就像让对手一拳打在水里面,最多只能惊起一阵波澜,但水面会一下子弥合被力量破开的裂缝,很快就会风平浪静。这就是虚若怀谷、至强若水的道理。

在主观上,要做到天下无敌,关键是做到心中无敌,自己心中的樊篱才是自己最大的敌人,要想"感化"天下,首先必须"感化"自己。"扫地僧"如果破除不了心中的樊篱,那么即使武功再高,最终还是会在某一天被打败。因此,当有人问马云谁才是他真正的对手时,他说:"我真不知道我们在海外进出口业务上,谁是我们的对手,中国内贸上我们也觉得没什么对手。但是对手是在自己心里。"[1]唯一的敌人永远是你自己,其他所谓的对手不过是与你心中的那个自己为敌。

这是在这个纷繁的时代中的一种竞争智慧,战胜了自己,把自己的力量大而化之,化为水一样的存在,就会真正做到天下无敌。

---

[1]　白山:《马云的人生哲学》,北京工业大学出版社 2011 年版,第 176 页。

03

第三篇

"倒立"的创业方式：

欲擒故纵，欲盈先空

有人说,成功是一种美丽的邂逅,在你望眼欲穿的时候它偏偏不来,但却往往在无意间翩然而至。这有一定的道理,因为在不少成功的事例中,你会发现当事人似乎并没有那么期待成功,他们或者不相信自己会那么快成功,或者不相信自己会成功。但成功却偏偏会在他们这种"无欲无求"的心态中到来。实际上,"美丽的邂逅"只是一种表面现象,一个人的成功背后一定有某种原因,如果说这种原因本身是偶然的,不如说他遵循的是一种欲擒故纵、欲盈先空的哲学智慧。

第八章
"落地就跑"

商业领域是一个最讲究务实的领域,特别是在创业过程中。创业往往也是追求理想的过程,大多数创业者都是理想主义者,他们敢于追求理想,敢于为理想付出巨大代价。但是,创业不是柏拉图式的爱情,它面临的是一个战场,而不是一个浪漫的花园,它要走的是马拉松式的跑道,而不是花红柳绿的花间小径。据说,1995年马云曾造访过瀛海威创始人张树新,之后马云说:"如果互联网有人死的话,那么张树新一定比我死得更早。"这是因为,在马云看来,张树新的观念和理论不明确,对未来的描述过于"浪漫",不接"地气"。马云认为,创业者即使是在追求自己的远大理想,也必须具备"落地就跑"的求生本能,这是创业最根本的原则。

生存的意义是想方设法活下去

碰到一个强大的对手或者榜样的时候,你应该做的不是去挑战它,而是去弥补它,做它做不到的,去服务好它,先求生存,再求战略,这是所有商家的基本规律。你还没有站稳脚跟就去跟人家挑战肯定是不行的,先生存再挑战,这样赢的机会就会越来越大。①

20 世纪 90 年代初,身为大学英语教师的马云创立了海博翻译社。在开始的时候,翻译社不仅没赚钱反而亏钱,几个合伙人慢慢开始失去信心。但是马云认为,坚持下去才是最好的出路。他开始寻找新的利润点,一个人背个大麻袋从杭州跑到义乌、广州等地批发小工艺品回来出售,希望能够让翻译社继续生存下去。就这样整整坚持了三年,终于有了起色:1994 年,翻译社基本实现收支平衡;1995 年,翻译社开始逐步实现盈利。直到现在,海博翻译社仍然存活着,它的官网首页就是马云的亲笔题字:"永不放弃"。阿里巴巴十多年的成长历程,也是一个实践着"坚持就是胜利"格言的历程。据马云说,这十多年来

---

① 朱甫:《马云管理思想大全集》,海天出版社 2011 年版,第 253 页。

阿里巴巴所遭到的"灭顶之灾"达一百多次，每次都是靠坚持、坚持、再坚持存活下来的。在坚持中寻找出路，在绝境中寻找生机，这是阿里巴巴的经验。

在一个竞争激烈的环境里，想方设法生存下去就是生存的最大意义。在20世纪最大的海上登陆作战——诺曼底战役中，由加拿大、英国和美国组成的盟军对士兵们的一个命令就是"落地就跑"。在生死竞争的环境里，没有什么好想的，快速投入战争、生存下去就是最高的原则。商场如战场，在这个没有硝烟、没有炮火的战场里，杀机重重，十面埋伏，想方设法生存下去才是赢得竞争的最首要的资本。

阿里巴巴的不少"创新"其实就是靠生存的压力"逼"出来的，支付宝就是一个生动的例子。当时马云看到淘宝网的访问量一直在上升，但是交易量却没有随之上升，中国网上诚信的现状逼着马云解决支付的问题。但是大的国有银行根本不愿意涉足这块领域，马云又不愿意与花旗银行、汇丰银行等外资银行合作，在无奈中他们想到了"中介担保"这个很传统的商业模式。当初马云和一些学者谈到推出支付宝这个想法时，学者们说："太愚蠢了，这个东西几百年以前就有。早就淘汰了，你干吗还要做？"[1]但是马云的想法很简单，他不是要创造一个新的商业模式，而是为了解决现实中遇到的问题。关键的问题是让企业继续生存下去，而不是支付宝这个模式是不是新的。

"我们的每一次创新，换句话说，都是为了活下去，然后'被'形势所迫，越搞越大……所以今天告诉大家，绝不是因为我们很聪明，看到了未来怎么做，而是我们看到了市场需求。我们自己有压力，我们必须渡过这些难关。"[2]

有人说，在已经走过创业期的阿里巴巴，我们很难看到它再次为了自己的生存而奋斗。但实际上，阿里巴巴依然在为了生存而奋斗，为了活下去而想方

---

[1]　金错刀：《马云创业逻辑》，中信出版社 2012 年版，第 215 页。
[2]　马云：《马云：我的创新是被逼出来的》，http://tech.qq.com/a/20110331/000201_3.htm，2011年 3 月 31 日。

设法。2014 年上半年,马云进行了"疯狂"的投资,总金额达到 50 亿美元以上,重大的投资包括:6 月 5 日,出资 12 亿元入股恒大足球;5 月 28 日,投资 2.49 亿美元认购新加坡邮政 10.35％的股份;4 月 28 日,联手云锋基金投资 12.2 亿美元入股优酷土豆;3 月 31 日,投资 53.7 亿港元入股银泰;3 月 11 日,以 62.44 亿港元认购文化中国 60％的股份。这些"疯狂"的投资背后,其实是马云对阿里巴巴未来发展的重大考虑。在这个阶段的阿里巴巴,"活下去"已经不再如同当初那么简单。有人问马云,阿里巴巴一会儿投资这个,一会儿投资那个,而且是跟电子商务相关的行业,这不像一个纯粹的电子商务公司的做法。马云的回答是,阿里巴巴的发展要看到十年以后的事情,这是活下去的基本要求。

这是阿里巴巴在新阶段"活下去"的新方式。面对未来,有太多的未知因素,因而只有努力去看清未来,才能够找到生存的空间。做企业要"拥抱变化",但是,拥抱变化是痛苦的,因为它需要你不断地去改变,去适应新的事物,放弃那些让你活得很舒适的旧事物。在阿里巴巴创立初期,活下去的办法是"落地就跑";而现在,活下去的办法依然是"落地就跑",但它又多了一条:向未来寻求活路。

赌博精神

每年我们(马云和阿里巴巴高管)打赌一万元看我说出的话能否做到,结果第七年他就不跟我吵了,也不再跟我赌了。①

---

① 刘晓航、赵文:《马云:我的团队永不言败》,华中科技大学出版社 2010 年版,第 31 页。

在创建阿里巴巴的过程中,马云逐渐染上了"赌瘾",但他不是去赌场跟别人赌,而是在自己的企业内跟员工赌,赌的内容往往是自己说的话能不能实现。马云的外号是"马天行",因为他经常说出一些天马行空式的想法,而且还要让员工去把这些想法实现出来。但是马云并不能每次都说服员工相信自己,于是产生了最直接的解决办法:赌。2002年年底,阿里巴巴实现了历史上第一次盈利:盈利1块钱(实际上,这也是马云跟员工的一个赌局)。马云"头脑发热",在年终会议上提出下一年的目标:盈利1亿元。从1元到1亿元,这是一个比跨越千山万水还要夸张的事情! 所有的员工都反对这个决定,马云说服不了他们,于是大家打赌。结果2003年年底,阿里巴巴果然达到了这个目标,马云胜出。

马云不仅赌自己的想法能否实现,甚至也赌员工的想法能否实现。据说,阿里巴巴有一位销售员工在制订第二年的销售计划时,制订了每天完成1万元销售额的目标。马云觉得很有意思,于是跟这个员工打赌,如果他能够在员工的续签率达到自己指定的要求时还能完成每天1万元的销售额,那么马云请他到世界上任何一间他指定的酒店休假。员工应战,承诺如果实现不了这两项指标,他就在大冬天去跳西湖。结果是,员工完成了每天1万元的销售额,但没有完成马云指定的续签率。马云又胜出了。

但是没过几年,阿里巴巴这种"赌博"行为却慢慢消失了,原因很简单,如员工所说:"马云太可怕了,指哪打哪,从来不输。我们就不敢跟他玩了。"[1]通过赌,无论是阿里巴巴的高管还是其员工,都逐渐领略到马云对商业的敏感和对未来的判断。这是一种不可多得的天赋禀性,马云善于利用这种禀性、敢于相信自己、勇于践行,这正是他逢"赌"必赢的原因。

实际上,马云的"赌博精神"后面蕴藏着他的另一层秘密:对执行的重视。

马云高度重视执行。他的任务是提出想法,而不是执行。但是,他打造了

---

① 沈威风:《淘宝:倒立者赢》,浙江人民出版社2007年版,第79页。

一支一流的执行团队,能够把他许多天马行空的想法实现出来。在一次淘宝年会上,他曾说:"作为 CEO,我的工作只能是讲讲话,吹吹'牛'了,你们要容忍这样一位 CEO。每次'吹牛'听上去总是那样'不可能',而你们——阿里人每次都完成得比'不可能'更'不可能',我们一直配合得很好……"①

有了这样一支能够把不可能的事情变成可能的事情的团队,马云的确可以赌很多东西,因为只要他把团队带领好、督促好,那么实现承诺的力量其实也就在自己手中。赌博精神背后隐藏着的是敢于挑战的勇气和重视执行的作风。2014 年 6 月,马云在清华大学的一次演讲中,对于网络行业的发展提出了一个新命题:大数据背景下网络产业的发展正从 IT(信息科学)时代走向 DT(数据科学)时代,这是他对整个行业打的赌,至于谁负谁胜,将会是一个非常值得期待与关注的话题。

"巧妇"的无米之炊

我永远记住自己是谁。是我的团队、我的同事把我变成英雄的。我只不过是把人家的工作成果说说而已。我觉得特难为情的是,很多媒体把我同事所做的努力都加在我头上。我哪有那么能干? 我不会写程序、又不懂技术。②

阿里巴巴从无到有,从弱小到巨大,其实都不是马云凭借什么特别的经济背景或政治背景得来的。马云生长在一个普通家庭,大学毕业后成了一名普

① 陈伟:《这才是马云》,浙江人民出版社 2011 年版,自序。
② 顾雪:《环球人物:"狂人"马云:笑傲互联网的 CEO》,http://news. people. com. cn/GB/37454/37459/4407140. html,2006 年 5 月 26 日。

通的高校英语老师。行走在网络领域的他甚至是一个"网络盲"、"电脑盲"。阿里巴巴的故事听起来其实就是一个"巧妇"完成的无米之炊。

那么马云"巧"在哪里?

1999 年,马云决定从北京迁回杭州,赤手空拳再次创业。他把自己的团队成员集中起来,宣布了这个决定,同时也为他们提供了两种选择的方向:"你们可以留在部里,这里有外经贸部这棵大树,也有宿舍,在北京的收入也非常不错;你们在互联网混了这么多年,都算是有经验的人,也可以到雅虎,雅虎刚进中国,是家特别有钱的公司,工资会很高,每月几万元的工资都有;也可以去刚刚成立的新浪,这条路都行,我可以推荐。……你们要是跟我回家二次创业,工资只有 500 元,不许打的,办公就在我家那 150 平方米的公寓里,做什么还不清楚,我只知道我要做一个全世界最大的商人网站。如何抉择,我给你们 3 天时间考虑。"[1]

原来给定的是 3 天考虑时间,但是,团队成员在走出马云办公室 3 分钟后就回来了,跟马云说一起回家去创业。在那一刻,马云深深感动了,团队的决定给予了他最大的勇气和信心,他在心里对自己说:"朋友没有对不起我,我也永远不做对不起他们的事情! 我们回去,从零开始,建一个我们这一辈子都不会后悔的公司。"[2]

二次创业对马云来说的确是从零做起,没钱、没办公室,甚至连想做什么都还不知道,但是,马云拥有一种再多的钱也买不来的东西:一个团结的团队。回到杭州,马云和他的团队就挤在他的家中,18 个人,每人硬是从自己不多的积蓄中掏出两三万元,凑够 50 万元人民币作为阿里巴巴的种子资金,由此开始了阿里巴巴的伟大历程。

一支优秀的创业团队是阿里巴巴最重要的财富,直到现在,这支团队仍然

---

① 华胜:《马云传奇》,中国经济出版社 2009 年版,第 78 页。
② 魏昕、石海娥:《马云帝国内幕》,新世界出版社 2013 年版,第 86 页。

没有分散,它仍然是阿里巴巴高层的支柱力量。马云曾非常自豪地说:"我们一定能成功。就算阿里巴巴失败了,只要我们这帮人在,想做什么一定能成功!"①

马云之"巧"在于他善于借助团队,一起走向成功。创业时期,他用自己的激情与勇敢来带领团队,创造出阿里巴巴奇迹。而在阿里巴巴的发展阶段,马云则用自己对员工的关心与负责以及对企业文化和价值观的重视来带领员工团队,凝聚人心。他自称现在为 2.3 万名员工打工,感觉到肩上所承担着的压力不仅仅来自于阿里巴巴的发展,而且还来自于要对庞大的员工群体的成长负责的压力。也正因为这样,马云的信念与理想也通过阿里巴巴成为所有员工的信念与理念,从而成为促使阿里巴巴走向成功的最大动力。

创业上欲擒故纵、欲盈先空的智慧是,先不着急赚钱,甚至不要着急把公司打造出来,寻找可以相信和托付的合伙人、打造一支真正可以依赖和信任的员工团队才是真正重要的事情。事在人为,只有拥有了一支优秀的团队,创业才能够得到发展。商海浮沉,只有抓住人心,其他一切才有可能。

左手温暖右手

困难的时候永远讲一些美好的事情,要用左手温暖右手。记得那时候我们在湖畔花园艰难创业的时候经常讲,如果现在有 500 万元你准备怎么花?好,开心了,你准备去挣 500 万吧。②

---

① 海华:《马云教典》,华中科技大学出版社 2009 年版,第 24 页。
② 华胜:《马云传奇》,中国经济出版社 2009 年版,第 102 页。

阿里巴巴成立初期,理想很丰满,但现实很骨感。几十个人挤在马云的公寓里,正常的上班时间是早上9点到晚上9点,但加班是常态,每天要工作16个小时以上。马云要求员工们都住在步行5分钟就能够到达办公室的地方,一是来回方便,二是省掉了交通费用。马云公寓里有一个小型会议室,很多员工困了累了都在里面打地铺,甚至晚上睡在这个会议室。几个工程师为了寻找安静的工作环境,还特意把工作时间调整为晚上10点到凌晨4点,因此也就根本不用回家睡觉了,困了倒地就睡。据说,马云100多平方米的家最多的时候同时有35人在里面办公和休息。

凑起来的50万元种子资金原本计划支撑10个月,结果还剩下2个月时,钱就基本用光了。大家想方设法在各方面省钱,作为阿里巴巴创始人之一的金建杭曾很心酸地回想起当时的情形:"比如我们打车,一看桑塔纳,举起来的手又放下,回头装作和人聊天,看到夏利车才坐上去。"[1]原因是夏利车比桑塔纳便宜1块钱。吃饭方面也省到了极致,原来定6元的盒饭里的后来改为4元,有一次贪便宜买来的盒饭,里面的鸡块变质造成集体中毒,结果团队集体到医院打吊针。

如今功成名就的马云依然记得当初许多令人感动的画面,他曾回忆起一件事:"我记得有一次,我们有4个员工加了一夜班,第二天一大清早全部失踪了。当时我们非常担心,但是后来他们兴高采烈地从西湖边回来了——每人买了一个'背背佳',那时工作环境比较差,他们用背背佳来防止驼背——我们当时的工作环境实在太差了!"[2]

为了在困难的日子里寻找快乐,马云不断地为团队寻找"穷开心"的办法。对于工作表现好的员工,没有物质奖励,就来个精神奖励:加寿。每一次工作总结,马云都会给这个员工"加寿"200岁,给那个员工"加寿"300岁。员工们都很珍惜自己的"寿数",仿佛自己真的能够那么长寿似的。有位员工被"加

---

①② 华胜:《马云传奇》,中国经济出版社2009年版,第101页。

寿"到 9000 岁,成为"名副其实"的九千岁。至今他仍然很珍惜这个寿岁。

艰苦的日子是最考验人心的。每一个伟大的公司在成立初期都必然会经历各种各样的艰苦阶段,如同人的成长一样,艰苦能够磨炼人的意志,使人更加脚踏实地、更加努力;在创业方面,艰苦能够为一个团队带来难能可贵的团结和坚定。国学经典《孟子》里面有一句大家都耳熟能详的话:"天将降大任于斯人也,必先苦其心志,劳其筋骨,饿其体肤,空乏其身,行拂乱其所为。"一个人或一支团队只有经历了各种匪人所思的苦难,才能够真正具备"担大任"的能力。

每当马云回忆起这段日子,总有些感慨和领悟:"创业的过程是痛苦的,你要不断地克服一个又一个困难,获得更大的成功;百年以后,当你死的时候,你会觉得很快乐。人的一生,奋斗过了,就得到了快乐。从创业的第一天起,任何一个创业者都要有这个心理准备,每天要思考自己未来的 10 年、20 年要面对什么。要记住,你碰到的倒霉的事情在这几十年遇到的困难中,只不过是很小的一部分。"①

现在,处于发展高峰期的阿里巴巴似乎再也不会遭遇这种只能用左手抱右手的方式取暖的困境了。但是,这种创业阶段的吃苦精神和毅力却是任何时候都必须具备的。它们是阿里巴巴和马云手中非常宝贵的经验,千金难买。这种在没钱、没资源、没名声的困境中用左手温暖右手的故事,只会发生于事业的起步阶段,但对公司的成长而言是弥足珍贵的。

① 赵建:《马云传:永不放弃》,中国画报出版社 2008 年版,第 72 页。

第九章
隐与显的智慧

　　隐与显是中华传统文化中一对非常重要的概念，这两者的关系不仅蕴含在学术层面，而且也体现在国人的日常生活中。把握好隐与显的关系对于创业来说也至关重要，"锋芒毕露不如暗涌于江湖"、先"潜龙勿用"再"飞龙在天"，是马云创业的重要思想。欲显先隐，欲彰先敛，这是一种关于隐与显的哲学，在这两者的关系上把握好恰当的时机，是成就伟大事业的关键。

六个月不见媒体

我们在闭门造车。1999年回到杭州以后，我们自己商量决定，6个月之内不主动对外宣传，一心一意把网站做好。[1]

马云很高调，他总会在一些公开的场合妙语连珠、语出惊人，他的一些企业战略也往往会因为出人意料而引发人们的关注。但是，马云又很懂得低调的重要性。阿里巴巴成立初期，为了给阿里巴巴这个年幼的"孩子"一个安静的成长环境，马云下了死命令：6个月不见媒体。

"6个月内，我们要造一艘船，这就是阿里巴巴。还要训练一支船员队伍，起航出港后，天气好我们会跑得快，但如果碰到狂风暴雨，才发现船造得不牢固，船员队伍不够坚强，大家都将随着这艘船一起沉没。"[2]这是马云所拟想的糟糕情况，为了避免这种情况的出现，他要求自己和团队必须脚踏实地，不能浮躁，不能轻举妄动。

---

① 朱甫：《马云管理思想大全集》，海天出版社2011年版，第253页。
② 朱甫：《马云管理思想大全集》，海天出版社2011年版，第172页。

但是,闭门造车还有另一层原因:马云要创造一个世界级的企业。为了实现这个目标,他认为暂时还不能让别人知道自己的真正面貌,因为即使是一个伟人,在成长过程中也必然要经历毫无生存经验的孩童阶段,在这个阶段人是最脆弱的,经不起风雨,一个伟大的企业也同样如此。伟人在未出名之前,有一个安静的成长环境非常重要。在成长阶段不要主动见媒体,为企业营造一个天然安静的成长环境,等到恰当的时候再公开现身,这是马云的创业经验。

创业初期的资金紧张也使得马云不得不采取低调的"造车"方式——他没有钱做营销和宣传。他们没有钱像门户网站一样做营销,只能手动到各种网站、BBS上去发帖子、发链接来介绍自己的网站。当时的网站比较少,而且网民的好奇心很强,发一个有链接的新奇网站往往会有不少人点击看一看。阿里巴巴的流量就这样慢慢大起来了。

但即使如此,阿里巴巴仍难掩其锋芒,网站启动时,马云只要求1年达到1万个会员,即使是这个要求也让员工充满了怀疑。但等到1999年9月9日,阿里巴巴(杭州)研究发展中心正式注册成立,马云已在预计会员突破8万、库存买卖信息20万条、每天新增信息800条的事儿了。仅仅6个月,阿里巴巴就从无到有,而且发展速度惊人。

当时有很多媒体想方设法去采访阿里巴巴,都被马云拒绝了。尚未公开露面的阿里巴巴甚至惊动了美国著名的《商业周刊》杂志,马云仍然拒绝了他们的采访要求。但周刊的记者却通过中国外交部、浙江省外办的关系,坚持要采访阿里巴巴。马云于是提出条件:采访可以,但文章不能发。不能发表文章,这哪里算采访! 但《商业周刊》还是接受了这个条件。等他们敲开马云公寓的大门时,眼前的景象让他们大跌眼镜:"面积不大的住宅里挤着20多个员工,地上到处都是铺开的床单,空气里还有鞋子的味道。"①

几个月后,直到阿里巴巴搬到杭州华星大厦,《商业周刊》的采访文章才得

----

① 赵建:《马云传:永不放弃》,中国画报出版社2008年版,第53页。

以发表。不久之后，一向谨慎的《商业周刊》居然报道了一个消息，说在阿里巴巴网站可以买到 AK－47 步枪。这是一个道听途说的假消息，加上前两次的报道，无意中给阿里巴巴带来了轰动性的国际知名度。

创业之初 6 个月内的刻意躲避媒体反而给阿里巴巴带来了更大的关注，它不费一分一厘就引来了全国乃至国际媒体的争相窥探和报道，马云和阿里巴巴不仅扬名中国，而且扬名欧美，来自国外的点击率和会员连续暴增。这甚至是连马云也没有想到的结果，又一次印证了阿里巴巴"欲擒故纵，欲盈先空"的逻辑。

"小草正在成长"

《福布斯》报道我们是好事，但也给我们很大压力。本来我们可以悄悄发展，《福布斯》一登，成了全世界关注的焦点。我们并没有把此事当成里程碑，也并不认为阿里巴巴的目标已达到。阿里巴巴今天没有本钱骄傲，它今天才 18 个月，还是个孩子，只不过它比别人哭得响点，翻身多了点，有点古怪。我们还有很多事情要做。[1]

2000 年年初，一次偶然的机会，马云结识了《福布斯》杂志的一名高级编辑；没过多久，《福布斯》就有记者联系马云，提出了采访要求。这次采访是马云遇到的最负责、最仔细的采访，记者在杭州采访了 3 天，之后又去采访了阿里巴巴的一些会员，并且很认真地对马云谈话中涉及的新加坡、澳大利亚的朋友都进行了实地调查。之后，记者还用电子邮件发过来 100 多个问题，只需马

---

① 华胜：《马云传奇》，中国经济出版社 2009 年版，第 108 页。

云回答"是"或"否"，目的是落实报道中所涉及的细节。

1个多月后，马云在香港的街上看到一本《福布斯》，才知道他上了封面；同时，阿里巴巴被这本世界知名的商业杂志评为全球 B2B 最佳网站。这是 50 多年来首位出现在《福布斯》封面的中国企业家。封面上的马云做着一个很奇怪的姿势，他笑容满面，双手握拳，身体前倾，在阳光的照射下充满了活力和挑战，似乎正奔赴战场。封面的标题是："Fighting for Eyeballs"（为吸引眼球而战）。该期《福布斯》关于马云的报道充分肯定了他服务中小企业的战略："马云的方向是正确的。美国只有 20 家大公司有购买 1 集装箱锤子的需要，但有 555 个五金批发商，20900 个零售商只要买一箱或一盒锤子，这些小企业对阿里巴巴非常感激。"①

此时的阿里巴巴离公开面世不到一年的时间，还是一棵正在成长的小草，就获得了《福布斯》这种国际知名媒体的肯定和宣传，自然如沐春风。但是，中国的媒体却似乎对这棵"小草"能够登上《福布斯》充满了怀疑，北京有一家很有影响力的青年报，在毫无根据的情况下发表了一篇文章，含沙射影地说马云是花钱买来了登上《福布斯》封面的机会。马云气不打一处来，2000 年 8 月，他在接受媒体采访时怒气冲冲地说："今天，我们正代表着一个新兴的产业，正代表着中国的企业，奋力起来，依靠中国人的智慧和艰辛努力，挑战世界，向世界的最高峰冲刺。在这个时候，有个中国人上了《福布斯》这家企业家杂志，就被认为有可能作弊。这是一种悲哀。如果中国人都是这样看的话，中国的企业到底还有没有希望?!"②

但无论舆论环境或誉或辱，它们都已经无法阻止阿里巴巴的迅速成长。当从"隐身状态"转为显身状态时，你就应该做好面对一切的准备，"隐身状态"能够帮助你屏蔽许多不利的因素，有助你快速成长；但是，只有将自己暴露在

---

① 魏昕、石海娥：《马云帝国内幕》，新世界出版社 2013 年版，第 116 页。

② 华胜：《马云传奇》，中国经济出版社 2009 年版，第 109 页。

公众面前,你才能面对更为真实的成长环境,虽然这个环境并不总是对你有利,相反,它很可能是洪水猛兽,吞噬你的一切能量乃至你的生命,但是,只有这样,你才会成长得更坚韧、更强大。

秘密文件

当时在 eBay 眼里,我们根本就什么都不是。我觉得,这可以让我们占一个先机,eBay 的漠视对我们来说是一个最好的机会。[1]

2002 年年底,马云去东京考察,孙正义说有急事要找马云,他见到马云的第一句话是:"eBay 和你们的平台是一样的。"[2]马云当时心中很激动,因为两人的看法几乎如出一辙。那时孙正义通过雅虎日本公司进军日本的 C2C 市场,与同在日本经营 C2C 的 eBay 争夺地盘,拿下了日本 C2C 70％的市场份额。孙正义相信,不仅日本可以战胜 eBay,中国也可以,制敌"武器"就是阿里巴巴。那时的马云也正改变对 C2C 的看法,而且也意识到,再不防御 eBay,那将来阿里巴巴就一定无立锥之地。他的想法与孙正义的想法不谋而合。

2003 年 4 月 14 日,阿里巴巴的几位员工被一个一个地叫到马云的办公室,里面坐着马云和其他几位高管。办公桌上反扣着一份文件。马云平静但却有点神秘地跟他们说:"现在公司有一件秘密任务需要你去完成,任务很艰巨,时间也很长,也许有两三年的时间,你可能都回不了家。……现在还不能告诉你这项任务的内容是什么,可是这项任务,对于我们公司的前途,具有非

---

① 华胜:《马云传奇》,中国经济出版社 2009 年版,第 187 页。
② 华胜:《马云传奇》,中国经济出版社 2009 年版,第 186 页。

常重大的意义。如果你愿意加入这个小组,就把桌子上的这份文件签了。"①

这是一份英文保密协议,而且写得晦涩难懂,不仅阿里巴巴的高管自认看不懂,连马云都看不懂。那些被叫进来的员工稀里糊涂地在文件上签了字。当天下午马云就把他们带到杭州湖畔花园自己的公寓里,让他们开始从事这项神秘的工作。

到底是什么东西让马云如此神秘兮兮? 答案是淘宝网站。马云为什么要把淘宝网站搞得如此神秘? 答案是:他们想了解淘宝出现后用户真正的反应。如果他们知道淘宝背后有阿里巴巴在支撑,那么他们对淘宝的反映就不够真实了。

其实这只是一方面的原因,马云有更深层次的考虑。他想用淘宝网来对抗 eBay,对手太强,而淘宝还只是一个刚出生的小毛孩,如果此时就开始叫板 eBay,那么必然被扼杀于摇篮之中。

马云的这种考虑非常正确,淘宝网在不知不觉中被创造出来,如同在敌人的眼皮底下秘密地制造了一支军队。在显与隐的关系上,这种处理恰到好处。马云深知 eBay 意味着什么,在他准备进入 C2C 与 eBay 争夺市场时,阿里巴巴的首席技术官、雅虎美国曾经的资深雇员吴炯听到这个想法,反应非常强烈:"Jack,你疯了吗,我在雅虎跟 eBay 交锋了那么多年,输得心服口服,那是个太可怕的巨人……"②正因为 eBay 是一个可怕的巨人,所以马云采取了隐的方式,暗中积蓄力量,避免惊动"巨人",另一边寻找恰当的时机出击,让敌人猝不及防。

---

① 华胜:《马云传奇》,中国经济出版社 2009 年版,第 191 页。
② 刘世英、彭征明:《马云创业思维》,经济日报出版社 2012 年版。

诺曼底登陆

现在敌人已经采取行动,要将我们扼杀在摇篮里,我们一定要想出其他的办法。①

2003 年 5 月 10 日,经过近一个月的"秘密开发",淘宝网站终于实现了"诺曼底登陆"。淘宝网的出现打消了阿里巴巴许多不知内情的员工的担忧和疑虑,他们一度以为淘宝网是阿里巴巴的对手,并对公司高管对淘宝网的不闻不问感到愤怒,如今终于可以松一口气了。

但事情并没有那么轻松。就在马云公开淘宝网第 4 天,C2C 巨头 eBay 就以 1.5 亿美元现金收购了易趣网,此举表明 eBay 正式大规模进军中国 C2C 市场。对于刚刚面世的淘宝网,eBay 首席执行官惠特曼根本不屑一顾,她扬言要在 18 个月内"杀死"淘宝这个新生婴儿。

惠特曼的行动可谓雷厉风行且心机缜密,她花费巨资与新浪、搜狐等各大门户网站合作,并签署了一份排他性协议,要求他们拒绝淘宝等同类网站在上面做广告。甚至连一些小网站也被惠特曼占领。面对这种情境,马云并非束手无措,相反,他脑海里灵光一闪:

"世界上不是只有一条路通向罗马。毛主席能想出农村包围城市这样创造性的军事理论,我们也可以拿来用一用。eBay 不是控制了大城市吗? 我们就到农村去,到敌人的防守最薄弱的地方去壮大自己。"②

---

① 华胜:《马云传奇》,中国经济出版社 2009 年版,第 206 页。
② 金错刀:《马云创业逻辑》,中信出版社 2012 年版,第 215 页。

所谓的"农村"就是中小网站。马云发现,在中国互联网世界里有一个很特别的群体:个人网站联盟。这个联盟网站旗下虽然都是一些小得不能再小的网站,但是当它们集中起来组成一个群体时,却有相当大的规模,甚至不亚于新浪或搜狐。而且,借助这个联盟在中小网站上投放广告也是一件很轻松的事情:只要和网站联盟的联盟主谈好,就可以一次性拿下旗下所有站点的广告权。

淘宝网真正的"诺曼底登陆"其实在这里才正式开始:它要跨过所有的不可能性,与 eBay 决一死战。淘宝的员工们花了很短的时间扫遍了国内所有的站长联盟,在一夜之间让数量庞大的中小网站都挂上了淘宝网的广告。马云很快发现,其实在小网站投放广告是一件很划算的事情。这些网站收取的广告费不高,但流量并不小,广告效应出乎马云的意料。直到现在,淘宝网也没有放弃这种有效的推广模式。

此时的 eBay 仍然杀气腾腾,它们甚至把广告挂到马云办公室正对面的大楼上"示威"。凭借巨额的广告投入,eBay 成功"抢占"2004 年中国市场第二"广告强主"的地位(第一为中国移动)。但是,eBay 的战略漏洞非常明显,它浪费了很多钱在户外广告上,而自己的用户量却没有明显的增加和巩固。这是一个致命的漏洞,它的对手马云不仅发现了这个漏洞,而且很巧妙地利用了它。eBay 大规模的户外广告让越来越多的中国人知道了网上购物这种新的购物方式,市场就这样被迅速培养了起来,然而,由于 eBay 平台毕竟是一个"舶来品",其制度及种种规定在中国大陆颇为水土不服,市场虽然培育了起来,但这个平台本身并不得民心。很快,越来越多接受网上购物的国内网民开始往淘宝涌去,淘宝网发展迅速,用户数量的增速远远超越 eBay。

2005 年 10 月 20 日,阿里巴巴决定向淘宝增资 10 亿元人民币,决定让淘宝继续免费三年。这个增资不是为了跟 eBay 比赛烧钱,因为个人交易网站的基础已经被 eBay 培育了起来,马云现在增资是为了进一步吸引和巩固自己的客户。

eBay 与淘宝之间的争夺战就在惠曼特的这一步"臭棋"之下基本定调了。早在 2004 年 7 月 2 日,中国互联网实验室的调查数据显示,淘宝网当日的网络人气指数为 662.67,而同日 eBay 的指数为 426.13。2005 年 3 月,中国上海市场调研公司 iResearch 的统计数据显示,淘宝网每天的用户增长数为 19025 名,超越 eBay 成为中国 C2C 电子商务市场排名第一的网站。

淘宝的"诺曼底登陆"是一场成功的战役,淘宝战胜 eBay 的原因有很多,但它在隐与显的关系上处理得恰到好处是一个不可忽略的因素。隐的状态让淘宝网的创立如同当年马云团队"捣鼓"阿里巴巴一样,屏蔽了外界的喧闹与浮躁,踏踏实实、兢兢业业,经受了寂寞与默默无闻的阶段;显的状态令敌人防不胜防,从而为自己的挑战带来了不可多得的机遇,达到以奇制胜的效果。可以说,隐与显的关系是阿里巴巴和淘宝网在创业初期首战告捷的关键原因。

第十章

赚钱不是目的

关于企业赚钱的问题，马云有一个很形象但也很深刻的说法：三岁小孩不能赚钱。这个说法其实包含了很多层含义。小孩只有等到读完书，才有足够的能力去赚钱，对于企业来说也是，只有等规模大了、客户稳定了，才能够真正赚大钱。一个企业必须首先为社会、至少为客户创造了价值，才能够获得客户给予自己的价值，如果一开始就急着让别人掏钱，就永远赚不了大钱。

马云的目标既不是做一个生意人，也不是做一个商人，而是做一个企业家。他很仔细地区分了这三种身份：生意人眼里只有钱，手上做的全是赚钱的活；商人眼里也只有钱，但不一定事事时时都在赚钱；企业家并不着急赚钱，他的首要目的是为社会创造价值，赚钱只是次要的目的，因为只有为别人创造了价值，别人才会为你创造价值。这又是欲擒欲纵、欲盈先空的逻辑。

要赚钱，必须要把钱看轻

我一直的理念，就是真正想赚钱的人必须把钱看轻，如果你脑子里老是钱的话，一定不可能赚钱。[1]

在 2007 年阿里巴巴的年会上，马云强调，淘宝、支付宝、阿里软件以及雅虎都不要太过看重钱，尤其是淘宝和支付宝，当下最紧要的事情不是赚钱，而是把规模做大。"忘记 money，忘掉赚钱，不要理会外界关于你们'不能赚钱'的指责。"[2]

带给马云启示的或许是这样一个比喻：阿里巴巴在成长的过程中发现路上有金子，如果它不断弯下腰来拾这些金子，那么后面的人就会赶超上来，也会离前面的人越来越远；而且，自己装着越来越重的金子，永远也到不了金山顶。因此，最好的做法是，忽略这些小钱，直奔金山顶。

1999 年，身在北京外经贸部工作的马云决定放弃薪水高且又轻松的岗位

---

① 华胜：《马云传奇》，中国经济出版社 2009 年版，第 9 页。
② 海华：《马云教典》，华中科技大学出版社 2009 年版，第 67 页。

回杭州创业。他向自己的团队宣布了这个决定，他说，在北京工作能够有两三万的薪水，跟他回到杭州二次创业每月只能拿500元，他让团队成员想清楚了再做出决定。他的团队成员在3分钟内就做出了决定：放弃高薪职位，跟马云回杭州创业！

马云和他的团队此时很需要钱，却又把钱看得很轻，他们深知，人生有些东西不是钱能够衡量的，钱买不来理想，买不来激情，买不来团结，更买不来一颗脚踏实地的心。在这个时候，必须把钱看轻，认识到有比钱更重要的东西。在创建阿里巴巴的那些艰苦日子里，马云和他的团队吃尽了苦头，甚至为省几元钱而费心机。出门打车要打夏利而不打桑塔纳，只为省1元钱；吃盒饭要吃4元的而不吃6元的，出差住宿必须住300元以下的旅馆。

艰苦的创业条件也帮助阿里巴巴避免了那些注重短期利益的机会主义者。所谓的机会主义者，就是哪里能够赚钱就到哪里去、哪里不能赚钱就离开哪里的人。马云很讨厌这些人，因为他们的眼里只有钱，没有事业，也没有价值、使命和责任的概念。他们只能赚点小钱，而赚不了大钱。

要想赚大钱就必须把钱看轻，这是一种有智慧的做法，而不是"聪明"的做法。马云认为，最愚蠢的人就是那些自认为很聪明的人。以前他和同事玩"杀人游戏"，同事们暗中串通好让马云做"杀人者"，并且表面上装作谁也不知道。马云心中暗暗得意，一个人在那里自以为聪明地表演。到了后来他才明白原来别人是串通好的。马云一直在反思这件"出丑"的事。大愚若智，喜欢玩小聪明的人是最愚蠢的人，这种人会因为占到一些小便宜而沾沾自喜，以为得到了天大的好处。

据数据显示，2013年，阿里巴巴集团全年净利润达到35.61亿美元，直逼腾讯(25.43亿美元)和百度(16.89亿美元)全年利润之和。① 这个数据至少表

---

① 林曦：《阿里巴巴集团2013年净利润达35.61亿美元》，2014年4月18日，http://tech.sina.com.cn/i/2014-04-18/15199330328.shtml。

明了一个事实:把钱看轻的马云,反而比绝大多数人赚得更多。

真正的智慧是大智若愚。人的成长道路会遇到很多诱惑人心的小便宜,如果你被它们所迷惑,那么你永远也到达不了金山。只有首先舍弃小便宜、看清自己真正的目标,才能够真正获得成功。这是创业"教父"马云用自己的人生经历告诉我们的大智慧。

三岁小孩不能赚钱

现在的阿里巴巴甚至整个互联网就像一个 3 岁的孩子,你不能只喂几口饭,就让小孩上街卖花赚钱。[①]

2001 年的阿里巴巴基本花光了所有钱,而且还没找到一条现成的盈利模式。最糟糕的是,马云似乎还根本不打算去赚钱,而且他还有一大套理论说服众人不去赚钱:

"我觉得一个伟大的公司不需要赚钱,光会赚钱的公司不是一个伟大的企业,这是阿里巴巴最重要的原则之一。永远不把赚钱作为第一目标,我们觉得伟大的公司首先要为社会创造真正的财富和价值,可以持续不断地改变这个社会。""从阿里巴巴来看,赚钱是我们的指标,但我不把赚钱作为目的,赚钱确实不是我的目的,赚钱是我的结果。我们公司创造很多价值,影响社会很多,甚至是影响世界,我们希望影响中国经济、亚洲经济、世界经济,改变中小企业做生意难的问题。"[②]

[①] 华胜:《马云传奇》,中国经济出版社 2009 年版,第 176 页。
[②] 海华:《马云教典》,华中科技大学出版社 2009 年版,第 195-196 页。

马云的目标不是做商人，而是要做一个企业、做一个企业家，在他看来，生意人、商人和企业家是有区别的。生意人以钱为本，一切为了赚钱；商人有所为，有所不为；企业家影响社会，为社会创造财富、创造价值。赚钱只是一个企业家的基本技能，却不是最重要的目的。

从这些理论中，我们至少可以看出马云的两个意思，一是企业创造价值比赚钱重要，因为创造了价值能够让你赚更多钱；二是为社会创造价值是一个企业的使命，赚钱只是一种基本技能，不足以成为企业家的追求目标。

马云的想法很伟大，但他既是理想主义者，同时又是一个精明的浙商，深知钱的重要，他坦言自己爱钱胜过任何人。但君子爱财，取之有道。阿里巴巴刚刚成立，必须继续向社会、向客户"交学费"，而不能急着赚钱。对马云来说，前两三年里，规模才是真正重要的事，只有把规模做大了，有了坚定、忠实的客户群体，才能够为以后赚更多钱做好铺垫。如果一开始就急着赚钱，那赚的都是些小钱，不仅白费很多精力，而且也会影响企业的长远战略。事实证明，马云的判断是对的，2002年3月10日，阿里巴巴开始全面收费，仅在当年，其利润就实现了两位数的增长。

实际上，马云的行动仍然与他的想法一致。阿里巴巴收费之后公司利润大增，那是因为在收费之前马云正在努力为企业创造价值，为所有商人打造一个最大的、面向全世界的平台，让"天下没有难做的生意"这个诺言成为现实。赚钱的确不应是一个企业的首要目的，即使有人说过，不赚钱的企业是不道德的。因为，一个企业只有为社会、为客户创造了价值，才能够赚钱，而且是赚大钱。如果一开始就着急于赚钱，像街头小贩那样分毫必争，必定没有前途，而且很有可能很快就赚不了钱了，因为你的客户没有从你那里获得所需要的价值，自然就不会给予你价值。

这是欲擒故纵、欲盈先空的智慧所在。只有把杯子倒空了，才能够装进新的酒水；只有把杯子做大了，才能够装更多的酒水。

赚一块钱的智慧

只增长不盈利不行,只盈利不增长同样不行,阿里巴巴今年(2002年)"只赚一块钱",是基于增长基础之上的盈利,一块钱有丰富的含义。①

2000年,人类社会进入了一个新的世纪,然而,成立将近一年的阿里巴巴却并没有随着历史的发展而迎来新的转折点。它虽然获得了不少荣誉,但却身处一片寒冷之中。其中的原因之一就是人才政策的失误,刚获得以高盛为首的投资集团500万美元投资的阿里巴巴疯狂地到处设立办事处和机构,花重金在海内外招聘各方面的高级技术人才。等到马云意识到政策有误时,阿里巴巴账面只剩下400万美元,已经不够网站半年的运营。而此时的阿里巴巴却仍然没有提出盈利模式和计划。当时公司每月都要开董事会,结论往往是:阿里巴巴的方向是对的,但再做几个月如果还不成功,就砍掉网站。

但是,即使在这种情况下,马云仍不着急去赚钱。其实他并非不着急,而是始终认为,现在还不是赚钱的时候。他希望阿里巴巴先稳定下来,把信息流做好、做大,进入良性的发展阶段,到那时再谈盈利。

2001年12月,阿里巴巴进入非常良好的运营状态,员工从2000年的100多名增加到2001年的200多名。在这时,马云才开始考虑盈利的事情。2002年初,他和阿里巴巴的COO(首席运营官)关明生坐在一起讨论阿里巴巴2002年的目标。关明生想了好一会,提出一个目标:2002年阿里巴巴要实现全面收支平衡。

①　华胜:《马云传奇》,中国经济出版社2009年版,第178页。

马云提出一个更为"远大"的目标：2002 年，阿里巴巴要赚一块钱！

但即使是赚一块钱，这在当时也是一个很大胆的计划。那时正在销售部担负重任的孙彤宇觉得马云疯了，因为他身在销售部第一线，很明白这个目标离当时公司的现状有多远的距离。但是，马云坚持这个想法，为此他甚至还跟同事们打赌这个目标能不能实现。

一块钱，在当下的社会中对绝大部分人来说，都谈不上重要，但是对当时的马云来说，它却真的非常重要。这并不是说马云急着等这一块钱用，而是它意味着阿里巴巴开始进入盈利状态，这对阿里巴巴来说是一件里程碑式的大事。为了实现这个目标，马云和他的团队在巩固网站基础的同时，开始替企业架设站点，不断推广网站，不断提供各种增值服务，强化网上交易市场的服务项目功能，放低会员准入门槛，以免费会员制吸引大量中小企业登录平台注册用户，想方设法活跃阿里巴巴的市场平台。

据统计，在 2002 年 10 月份前，阿里巴巴每月页面浏览量已达到 5000 万次，信息库存买卖类商业机会信息超过了 50 万条，每天新增买卖信息 3000 条左右，每月询盘数超过 30 万个。

2002 年 10 月，阿里巴巴提前实现了年度目标：盈利一块钱；该年年底，阿里巴巴的盈利已经超过 7 位数。

十多年后的今天，阿里巴巴的"盈利一块钱"已经成为一个经典的商业案例，它说明的不是阿里巴巴如何实现一块钱的盈利，而是马云如何借助"一块钱"这个符号使阿里巴巴从亏损状态扭转为盈利状态，并从此走出阴霾。盈利一块钱的"马式"理论背后是马云对于企业盈利的一种合理的态度，赚钱与做企业并不总是一对同义词，在必要的时候把这两者区分开来很重要。马云实际上把这两者区分得很明显，"盈利一块钱"理论是他把赚钱与做企业两者结合起来的巧妙一笔。

一天纳税 100 万元

2005 年、2006 年我们希望一天能纳税 100 万元,但这是一个结果,它不是我们的目标。目标是我们今年影响了多少企业,让多少企业赚了钱,让多少企业拥有了更多的就业机会,这些事情是一个企业要做的。[①]

马云为阿里巴巴制订的"年度盈利计划"每次都语不惊人死不休,2002 年年度计划是赚一块钱,2003 年是每天现金收入 100 万元,2004 年是每天现金利润 100 万元,到 2005 年,计划是每天纳税 100 万元。每次都是一个巨大的飞跃。每年公司内部都会因该年度的盈利目标而掀起轩然大波,而马云"赌性不改",几乎都是通过与别人打赌来证明自己的话能够兑现。

现在在网上搜索马云关于阿里巴巴 2005 年每天能纳税 100 万元的话,仍然能够搜索出许多信息,有相信的,有怀疑的,有"言之凿凿"地证明了马云 2005 年只做到每天纳税 50 万元的,也有说阿里巴巴已经实现了这个诺言、成为年度最具社会使命感的企业的。各种各样的说法,足见马云这个目标在当时引起了多大的社会轰动。

马云并不是一时冲动说出这个目标的。2005 年,在一次公开场合上,他再次说:"淘宝网在未来的 3 至 5 年将不会将精力集中在赚钱上,淘宝的目标是在未来 3 至 5 年内创造 100 万个就业机会并拥有 100 万个钻石级用户。至于赚钱养家的问题,完全可以交给阿里巴巴来做。我以前曾说过阿里巴巴将会每天纳税 100 万人民币的事情,可有人不信,相信今年年底就会有一个满意的

---

① 朱甫:《马云管理思想大全集》,海天出版社 2011 年版,第 29 页。

答案。不是我来说，我会请税务局来说。这样，数据的权威性就不会遭到质疑了。"[1]

2006 年 1 月，阿里巴巴引用杭州高新区（滨江）的数据证明：2005 年，阿里巴巴总纳税额为 25480 万元，按全年 250 个工作日计算，阿里巴巴实现了每天纳税 100 万元的目标，成功跨入税收亿元企业的行列。而且，这个税额仅是阿里巴巴本身所交纳的税额，还没有包括收购进来的中国雅虎业务的所纳税额。

每天纳税 100 万元这个目标为阿里巴巴赚足了眼球，马云很善于为公司带来各种眼球效应，当年《福布斯》杂志首次把马云放进封面时，就标明了他是一个为吸引眼球而战的人。但是无论如何，眼球效应背后却包含着马云真真正正的社会使命感。阿里巴巴的目标是"让天下没有难做的生意"，它把创造就业机会、帮助中小企业赚钱、增长社会利润作为自己的长远目标。淘宝网面世后不久，马云就对时任阿里巴巴投资部高级总经理的孙彤宇下达了一个"命令"：淘宝三年内不许盈利，三年以后要为中国创造 100 万个就业机会。马云认为，只要淘宝做到了这一点，将来一定会盈利。

"如果说创造价值和赚钱哪个重要，我们说 Yes，都重要，但是一定要问哪个更重要，则创造价值更为重要。"马云如是说。

可以说，从当初一个两手空空的创业者到现在一个商业帝国的拥有者，马云真正实现了从一个"生意人"、"商人"向"企业家"的转变，他为中国社会所带来的就业机会和所创造的价值已经不是一个普通的企业家所能够相比的，也正因如此，阿里巴巴帝国的价值——无论是用人民币还是用其他东西来衡量——也已经不是随便一家企业所能够相比的。赚钱不是阿里巴巴的首要目的，但是阿里巴巴却比大部分企业都赚到了更多钱，同时也为社会带来了更多的价值。

---

[1]　杨剑：《马云：让税务局证明阿里巴巴是否每天纳税 100 万》，http://tech.sina.com.cn/i/2005-11-09/1641761527.shtml.

盈利之前不能融资

要记住,你一定要在你很赚钱的时候去融资,在你不需要钱的时候去融资,要在阳光灿烂的日子修理屋顶,而不是等到需要钱的时候再去融资。[1]

20世纪的最后一年,正是中国互联网火热的时候,不少网络公司吸引了许多国内外的投资机构的关注,国际风险投资机构在华大规模地对中国网络公司投资。当年,新浪获得了华登1600万美元的投资,搜狐也获得了总额将近3600万美元的投资。而此时的阿里巴巴已经用完了50万元的种子资金,员工领500元的工资也领了好几个月。在种子资金用完的那一个月,马云宣布:下个月工资不发了,作为股本增资。钱总会有的,是我们要不要的问题。

当时的情况的确是马云要不要钱的问题。越来越多的人知道阿里巴巴的存在,而且也知道它潜力巨大,不断有投资机构来找马云投资。但是马云没有被当时的投资热潮冲昏头脑,即使穷到没米下锅了,他还是不着急接受风投。1999年7月,有一家投资机构又找到马云,马云和时任阿里巴巴人力资源部副总裁的彭蕾两人去谈判。在阿里巴巴过惯了"穷日子"的彭蕾后来回忆说:"那家风险投资商好像是汇亚,马云跟投资商谈,我在一旁听。这是我第一次近距离看风队投资商,原来钱离我们这么近!都是上百万美元,心里痒痒的,很受诱惑。对方的条件还可以,而且我们已经无米下锅了。"

马云却没有被对方的条件所迷惑。他中途暂停谈判,和彭蕾到外面商议。其实并不是什么商议,两人默默地走在马路上,中途只有简单的一问一答:

---

[1] 朱甫:《马云管理思想大全集》,海天出版社2011年版,第33页。

马云问彭蕾:"你觉得怎么样?"

彭蕾答:"公司账上没钱了。"

回到谈判地点后,马云认真地跟对方说:"我们认为阿里巴巴的总价值是我们所认为的那样,你们的看法与我们的差距太大,所以无法合作。"①

这一次投资谈判就这样又告吹了,马云的干脆决定令彭蕾心里发虚:错过了这么好的投资商,下一个还不知道什么时候才能遇见。

马云是一个很能沉得住气的人,在最艰难的时候,他依然有勇气拒绝了38家风投公司。他对阿里巴巴的未来有一种直觉,相信它一定是一家伟大的企业,它的价值不是随便一家风投公司能够理解和接受的。他很清楚,一家公司如果要靠投资来解救自己,这就是一家不健康的企业,因为它很有可能连盈利的能力都没有。所以,必须要盈利才能够接受投资,至少必须要确定自己有盈利的把握和胜算时才能够进行融资。10年后的马云就一再警告那些年轻的创业者:"做企业,首先要想到的是没有融资我也能盈利,等你盈利了,想扩大盈利的时候,那时就会有人想要投钱了。没有盈利的时候想说服别人投资,投资人多半会说:等你盈利了再说吧。"②

马云对融资的谨慎还体现在,他很了解钱的力量,有钱能使鬼推磨,但钱多了也会导致失败,花投资人的钱必须慎之又慎。他说:"阿里巴巴能够走到今天,有一个重要原因就是我们没有钱,很多人失败就是因为太有钱了。以前我们没钱时,每花一分钱都认认真真考虑,现在我们有钱了还是像没钱时一样花钱,因为我们花的是风险资本的钱,我们必须为他们负责任,我知道花别人的钱要比花自己的钱更加痛苦,所以我们要一点一滴地把事情做好,这是最重要的。"③

---

①　魏昕、石海娥:《马云帝国内幕》,新世界出版社2013年版,第105页。

②　罗曙驰:《马云:你一定要在很赚钱的时候去融资》,《华西都市报》2008年8月4日。

③　朱甫:《马云管理思想大全集》,海天出版社2011年版,第193页。

　　无论是在当时还是在现在,这都是一种非常清醒的看法。钱多了会迷惑住你的心,挡住你的视线,冲昏你的头脑,使你看不清楚事情的真相,做不出真正的判断。所以,对于创业来说,钱多了未必就是好事。谨慎对待企业的创建与企业的盈利之间的关系,在表面上,两者相辅相成,但是实质上,两者更是一对矛盾。企业要真正创造出自己的生命力和社会价值,一定不能着急赚钱、找钱。莫为浮云遮望眼,风物长宜放眼量。真正的成功必定不会发生在占小便宜的事情上,而是潜藏在一颗沉得住气的、清醒的大脑里。

第十一章

志同则道合,道同则相生相悦

　　创业是在一个竞争激烈的环境中拔河,胜利永远属于力量大的一方,但却并不必然属于人数多的一方。因为,"人多力量大"是一个假命题:如果没有某种东西作为集结团队成员力量的凝聚点,那么,人数多并不必然就能获得大能量。在创业过程中,志同道合是组织团队或班子成员的最重要原则。一支成功的团队并不一定需要高学历、高资历,但它必然需要一种"微量元素"——共同的志向目标。抓紧这个看不见、摸不着的"微量元素",是阿里巴巴成长历程中最为关键的一步,也是马云"凌波微步"中关键的一步。

唐僧的团队

　　这就是团队的精神,有了猪八戒才有了乐趣,有了沙和尚就有人挑担子,少了谁也不可以、互补、互相支撑,关键时也会吵架,但价值观不变。阿里巴巴就有这样的团队,在互联网低潮的时候,所有的人都往外跑,我们的人才流失率是最低的。[①]

　　2014 年 6 月,阿里巴巴公布了 27 名合伙人名单,在 18 名创始人中,有 7 位进入了现在的合伙人团队中,他们分别是:马云(集团董事局执行主席)、蔡崇信(集团董事局执行副主席)、吴咏铭(集团资深副总裁)、彭蕾(集团首席人才官、小微金服务集团副总裁)、戴珊(集团首席客户服务官)、金建杭(集团资深副总裁)和蒋芳(集团副总裁)。合伙人中有 8 人是在是 2004 年前进入阿里巴巴,由集团培养出来的,他们分别是陆兆禧(2000 年加入,集团首席执行官)、姜鹏(2000 加入,集团副总裁)、彭翼捷(2000 年加入,小微金服集团副总裁)、童文红(2000 年加入,菜鸟首席运营官、资深副总裁)、王帅(2003 年加入,集团

---

　　①　金错刀:《马云创业逻辑》,中信出版社 2012 年版,第 150 页。

首席市场官)、吴敏芝(2000年加入,集团副总裁)、张剑锋(2004年加入,集团副总裁)和张宇(2004年加入,集团副总裁)。这是阿里巴巴多年来首次公布自己的合伙人团队,这支位于阿里巴巴权力金字塔顶的团队,其权力结构虽然一直以来都无从窥探,但却备受关注,其中一个重要的原因是,阿里巴巴的团队是一支令大部分创业者都羡慕的团队。这是一支被马云称之为唐僧团队的"梦幻组合"。

可以说,马云目前所取得的成就,一大部分来自于他有一支有良好合作关系的团队。阿里巴巴的那批创始人,其实早在成立阿里巴巴之前已经是马云"生死团队"的一部分。1997年,马云正在做中国黄页,由于杭州电信的加入,做得很不顺利,他决定退出。在11月一次与自己的团队成员一起度假时,马云宣布退出中国黄页并北上创业,他宣布了一起北上的8人名单。这8个人后来再次跟随马云"杀"回杭州创建阿里巴巴,其中一些人一直跟随马云到现在,成为阿里巴巴的合伙人。这段令人心酸的北上又南下的历程以及草创阶段的艰难经历,始终不曾打散这支坚强的团队。原因其实很简单:因为大家有着共同的目标。

马云曾把自己的团队比喻为唐僧团队。其实唐僧西天取经的团队组合在很多人看来都不是一个完美的组合,因为这支团队的四个人个性迥异:唐僧是领导但却迂腐无为,无论什么时候心里都只有取经;孙悟空本领大但脾气暴躁,猪八戒好吃懒做,沙和尚任劳任怨、平庸无奇。但是,在马云看来,这支团队却是最具有实际操作意义的,因为他们四人即使性格迥然不同,但却都始终持有一个目标:取经。三国相争时代的"刘、关、张"团队虽好,但却过于理想。一个共同的目标能够在最大程度上集中不同人的力量,共同做大事。相反,如果目标不一致,那么感情上的关联乃至共同的价值观都无法使一支团队取得最终的胜利。马云很清醒地看到,《水浒传》中的梁山好汉最终正是因目标不一致而被迫解散。

宋朝的梁山好汉 108 将，如果他们没有价值观，在梁山上打起来还真麻烦。他们有一个共同的价值观就是江湖义气，无论发生什么事都是兄弟。这样的价值观让他们团结在一起。108 将的使命就是替天行道。但是他们没有一个共同的目标，导致后来宋江认为我应该投降，李逵认为我们打打杀杀挺好的，还有些人认为，衙门不抓我们就很好了，结果到后来整个队伍崩溃。所以一定要重视目标、使命和价值观。"[①]

如果一支团队没有共同的目标，那么1+1会小于2；如果有一个共同的目标，那么 1+1 的结果将会远大于 2。在激烈的竞争环境中，个体的力量非常渺小，只有凭借集体的力量才能够获得竞争力。在一个有着共同目标的集体里，个体的力量将会远大于单打独斗时所具有的力量。因此，马云曾说，唐僧的团队因为有着共同的目标，所以其力量将会大于他们各自的力量之和。共同的目标就是共同的志向，志同则道合，道同则相生相悦，这对于创业团队来说永远是一个真理。

与"门外汉"合作

阿里巴巴的职员一半是技术人员，一半做服务，基本上在 IT 行业都有2～3 年的经验。策划人员比我有创意，市场人员比我懂市场，技术人员比我懂技术。我的最强项是考虑公司的战略，怎么去硅谷竞争，去全球竞争。[②]

马云最大的优点之一是善用人才。第一届"西湖论剑"期间，马云的偶像

---

① 朱甫：《马云管理思想大全集》，海天出版社 2011 年版，第 105 页。
② 海华：《马云教典——成就阿里巴巴帝国的 36 个法则》，华中科技大学出版社 2009 年版，第 139 页。

金庸曾给马云题过一幅字:"善用人才,为大领袖成功之要旨,此刘邦刘备之所以创大业也。愿马云兄弟常勉之。"

但是善用人才的马云在人才战略上却往往出人意料:他似乎很喜欢与"门外汉"合作。借用曾任阿里巴巴 B2B 总裁的卫哲的话:"淘宝网总裁陆兆禧做过销售,甚至不知名酒店的服务员;支付宝总裁邵晓锋原来是杭州人民警察,我以前是卖水泥卖马桶的,就算阿里巴巴董事局主席马云,也是考了三次大学。"让话让我们感觉,阿里巴巴的高管似乎是一群"乌合之众",而阿里巴巴则是各方神圣、各种奇侠齐聚一堂的"聚贤庄"。

实际上,"门外汉"原则能够让马云透过那些人才简历上罗列的各种"工作经历",而迅速看透他们的"底牌"。对马云来说,科班技术和知识固然重要,但是,一个人的领导能力、品格和德行同样非常重要,甚至比技术能力更加重要。

卫哲对于许多人来说都是一个"传奇",他从一个小秘书起步,一直做到世界 500 强企业的中国区总裁。他 24 岁就已经担任万国证券管理总部副总经理,并于 2006 年正式加盟阿里巴巴。马云对卫哲寄予厚望,他说:"阿里巴巴目前已经成为一个具备全球竞争力的电子商务平台,不断的创新已成为企业未来发展的基础。卫哲先生的加盟将给阿里巴巴带来大规模零售行业的管理经验和行业资源组织经验。……卫哲先生的加入有助于帮助阿里巴巴企业电子商务在未来几年有一个大的提升和飞跃,对全球及国内互联网和电子商务市场发挥更大的影响。"事实证明,卫哲的确给阿里巴巴带来了重大的成绩:2007 年,阿里巴巴季度营收规模约 5 亿元,净利润约 1.5 亿元,到 2010 年三季度,阿里巴巴营收 14.5 亿元,净利润 3.66 亿元。这些数字的增长,间接反映出卫哲对阿里巴巴的推动力。虽然后来出了"卫哲事件",但是,马云并不后悔与卫哲这么多年的合作。

2013 年晋升为阿里巴巴集团 CEO 的陆兆禧是广州人,大学读的是广州大学的酒店管理专业,于 2000 年加盟阿里巴巴。他坦言,刚到阿里巴巴时连这个企业是做什么的都不清楚。然而他很快就被委以重任：到深圳组建阿里巴巴华南大区，并任大区经理。2001 年，中国互联网遭遇"寒冬"；2003 年，"非典"来袭，阿里巴巴困境重重，但是这些磨难并没有难倒陆兆禧这个"门外汉"，他凭自己的能力与智慧，在各种艰难关头坚持了下来，阿里巴巴华南大区发展良好，到 2004 年已经发展到百余人。此时，马云做出了一个更大的决定：任命陆兆禧为支付宝总裁。陆兆禧在自己的工作任务前再次成为"门外汉"：他根本未接触过第三方支付这个领域，银行从业者显然才是支付宝总裁这个岗位的最佳人选。

但是，马云有他的理由：他让陆兆禧这个完全不懂银行的人去管理支付宝这个纯粹银行式的体系，是因为支付宝需要一个以服务为导向、理解客户痛处的领导，而不是再做出一家传统银行。

在陆兆禧的经营下，支付宝很快发展成为国内最大的第三方支付机构。到 2007 年，支付宝的日交易总额超过 2.7 亿元，日交易次数超过 130 万次。2008 年，马云调任陆兆禧担任淘宝网总裁；从 2013 年 5 月 10 日开始，陆兆禧担任集团 CEO。马云之所以一直器重陆兆禧，最主要的一个原因是他始终明白自己该做什么，坚持客户第一、服务第一这个原则，并把这些原则彻底地贯彻到自己的工作中，对工作的专注、敬重和认真是陆兆禧的一大特点。他的花名是"铁木真"，这是一位以"深沉而大略，用兵如神"的伟大历史人物，陆兆禧以铁木真为自己的榜样，据说他已达到了用鼻子闻一闻就能够知道一个人是否适合在支付宝工作的"境界"。

阿里巴巴另外一位重要的"门外汉"是邵晓锋。这个花名为"郭靖"的高管之前是一位大名鼎鼎的刑侦专家，曾亲自揣抢到深山密林里抓罪犯，屡屡立功，他与马云相识于他们的高考阶段。2005 年，邵晓锋加盟阿里巴巴，担任集团网络安全部总监。从一个"实地实战"的人民警察到以电子数据和网络为主的"虚拟世界"的警察，虽然是"门外汉"，但邵晓锋很快就做得风生水起。在他的领导下，阿里巴巴集团各公司的风险控制能力已在业内处于领先地位，从2006年一直到现在，从未发生过重大案件。这是马云成功的用人策略的典型表现。

"门外汉"其实并不是真正的"门外汉"，他们的专业、技术可能不一定和工作对口，但是他们的工作能力、工作态度和领导能力十分优秀，这些特点和优势必然能够打通那些被不同的专业技术硬生生规定着的"关节"。太极之道讲究融会贯通，万物相通相齐，本无结节，马云深谙此理，这是他用人策略的智慧。

等了七年的缘分

如果对这样的机会说"NO"的话，那就太愚蠢了，我觉得这是非常难得的机会，不仅在中国少见，在全世界也是独一无二的，更何况这个机会我已经等了7年了，杨致远也等了7年，这对双方都是一个好的合作。①

有一份"感情"马云一等就是7年。

1997年，雅虎的创始人杨致远来到中国旅游，马云有幸为他做了一回"导游"，这是他俩第一次见面。1998年，中国经贸部电子商务中心下属的国富通技术发展有限公司和雅虎合作，国富通协助雅虎开展在华业务。马云此时是国富通的一把手，其能力颇为杨致远赞赏，杨致远想邀请马云做雅虎中国的掌门人，但当时马云心中已有"大志"，婉拒了这个邀请。1999年，马云带领自己的团队回杭州创建阿里巴巴，网站建好后，他曾发了一封邮件给杨致远："你觉

---

① 华胜：《马云传奇》，中国经济出版社2009年版，第238页。

得阿里巴巴怎样？也许有一天阿里巴巴和雅虎这两个名字配在一起会很好。"①

但杨致远没有回复马云。这种欲拒还休的朦胧态度令马云一直无法忘怀。

2005 年 4 月，阿里巴巴在马云的指挥下击败 eBay，此事一度被传为佳话，马云的能力与智慧也得到了众人的认可。也许是这件事打动了杨致远，也许是这时正在国外与 eBay 竞争的杨致远感到自己与马云奋斗在同一战线上，他给马云一个迟来的回复："阿里巴巴和淘宝做得很好，有机会想跟你谈谈互联网的走势。"②

此时，随着 Google 的崛起，搜索引擎已经成为互联网的一大支柱产业，网络本身就是一个巨型的信息收集系统，信息搜索必然成为人们对互联网最基本的要求之一。马云意识到了这一点，他注意到越来越多淘宝用户实际都是通过搜索引擎来搜寻相关信息。而且他还注意到一件事：美国的互联网局势起了变化——Google 快速崛起，eBay 的营业额下滑，连雅虎都在动摇。马云由此产生一个判断和担心：以 Google 为首的搜索引擎在不久的将来一定会影响到阿里巴巴！

机会永远青睐有准备的人。2005 年 5 月，根本不会打高夫尔球的马云应杨致远邀请到美国打高尔夫。马云意识到邀请人可能暗藏某种"不可告人"的秘密，所以他才放下手中繁忙的工作远赴美国打球。果然，到了美国，他见到了好久不见的杨致远。

不会玩高尔夫球的马云很快就撇开众人，与杨致远两人单独谈话。那天天气很冷，他俩人只谈了十来分钟就结束了，马云"逃"回了宾馆。但这十来分钟在阿里巴巴的发展历程中却有不可忽略的重要性：

---

① 华胜：《马云传奇》，中国经济出版社 2009 年版，第 235 页。
② 华胜：《马云传奇》，中国经济出版社 2009 年版，第 236 页。

"我们在十分钟内交换了一些想法,我很明确地告诉他,我要进入搜索引擎领域,我认为未来的电子商务离不开搜索引擎,而且我觉得阿里巴巴自己做搜索引擎的可能性不大。我如果加入 Google,Google 肯定会赢;我加入雅虎,雅虎可能也会赢。我加入谁都有可能,但我自己不能创办,我打败别人还是有本事的。如果雅虎跟我合作,就只能把雅虎中国百分之百卖给我,否则我们就散,做朋友也很好,基本上十分钟就谈定了。"①

志同则道合,既然马云和杨致远的意见不谋而合,接下来的就只是一些细枝末节的技术事宜。2005 年 8 月 11 日,马云在北京宣布:阿里巴巴收购雅虎中国的全部资产,其中包括雅虎的门户网站、雅虎的一搜、雅虎的 IM(即时通讯)、3721 以及雅虎在一拍网上的所有资产。相应地,雅虎获得阿里巴巴 40% 的经济获益权以及 35% 的投票权。

马云对这次两人的合作感到非常满意,他称之为一件激动人心的事情。真正令马云激动的,除了经济利益之外,其实还有不出国门就完成了全球化的并购模式。这种独特的并购模式只有日本雅虎才有,他坚信能把这种模式做好,使中国企业不出国门便可安全地实现全球化,对此他信心十足。

虽然到了 2013 年 9 月 1 日,中国雅虎宣布停止服务,马云将其"归还"给杨致远,但在两人合作的这近十年时间里,无论对马云还是对杨致远乃至对中国互联网产业发展来说都是一个非常重要的事件。马云和杨致远在其中学习到了并购经验,经历了"中美"合资的磨难,其中的种种经历让马云、杨致远和中国互联网产业都吸取了更大、更多的经验和教训。

---

① 华胜:《马云传奇》,中国经济出版社 2009 年版,第 237 页。

"马""孙"会师

我见过聪明的人物很多,孙正义却是其中最特别的。他神色木讷,说很古怪的英语,但是几乎没有一句多余的话,像金庸笔下的乔峰,有点大智若愚。①

1999 年 10 月 29 日,阿里巴巴已经完成第一轮融资,资金短缺的问题暂时得到解决。第二天,马云应邀到北京见孙正义,他这次并不是为钱而去,而只是单纯见一见对方。孙正义在互联网投资界一直被奉为神一般的人物。他创办了软银公司,通过投资使无数人实现了互联网的梦想,新浪、雅虎、网易、盛大、携程网、当当网等等都与孙正义建立了重要的合作关系,这位被美国《商业周刊》称为"影响全球电子商务 25 人"之一的日本人,被比尔·盖茨称为"你和我一样都是冒险家"。

马云和孙正义的会面是中国互联网一次历史性的会师。但可惜这第一次会面并不只是两人的单独见面,在场的还有包括张朝阳、王志东、吴鹰以及来自软银及其他国外互联网企业的众多 CEO,这些人都是孙正义邀请过来进行投资判断的。孙正义给每个人 20 分钟来讲解自己企业的经营模式以及发展前景。

因为并不是为钱而来,马云说得很轻松、很张狂,6 分钟之后,一幕很戏剧性的场面发生了。马云后来回忆说:"孙正义和我说的第一句话是:'说说你的阿里巴巴吧!'于是我就开始讲公司的目标,本来准备讲 1 个小时,可是刚开始 6 分钟,孙正义就从办公室那一头走过来,'我决定投资你的公司,你要多少?'"

---

① 华胜:《马云传奇》,中国经济出版社 2009 年版,第 122 页。

"我一下子愣了，'我并没有打算向你要钱啊。'

"我们对视了一小会儿，不约而同地呵呵笑了起来，四只手也紧紧地握在了一起。"①

这次会面的结果是，2001 年 1 月，软银与阿里巴巴正式签约，软银投入2000 万美元帮助阿里巴巴拓展全球业务，同时在韩国和日本建立合资企业。资金到账后，中国互联网行业很快就陷入了"寒冬"，阿里巴巴靠着这两次的融资，在寒冬季节始终处于资金充裕的状态，这也是阿里巴巴得以顺利度过此次寒冬的重要因素。通过这次会面，马云和孙正义彼此都有好感，感觉到对方都是那种果断迅速、办事干脆、大智大勇的人，这是他们日后建立合作关系的重要基础。

如果说马云和孙正义的第一次合作在 6 分钟内定了下来是一次疯狂的行为，那么，两人在第二次合作时就更疯狂了。2003 年，eBay 开始进军中国 C2C市场，马云也决定开始进军 C2C，与 eBay 殊死一战，目标是把 eBay"赶"出中国。虽然此时淘宝网甚至还没有面世，但马云却对这次交战颇有信心，同样有信心的是孙正义。两人在这一点上意见不谋而合，孙正义决定再次投资阿里巴巴。但是这次谈判并不顺利，双方为阿里巴巴集团要不要坚持员工持股的问题僵持不下，涉及融资多少的问题。谈判现场一度沉默，马云站起来去洗手间，恰好孙正义也站了起来往洗手间走去。两人进去时面无表情，沉默不语；但几分钟后等两人出来时，他们都面带笑容，一脸轻松，因为双方已经达成一致了：马云决定接受孙正义 8200 万美元的投资。

这是阿里巴巴发展历程中最具戏剧性的"洗手间里的秘密"，8200 万美元是当时中国互联网最大的一笔融资金额，但却是在洗手间内完成的。据说，当时马云和孙正义在洗手间，一开始双方沉默，马云想了想说：8200 万美元是一个合适的数字。孙正义也沉默了一下，说：好，就这样定了。

---

① 华胜：《马云传奇》，中国经济出版社 2009 年版，第 122 页。

孙正义第一次投资阿里巴巴时,用计算器按了又按,报了好几个数字才最终落实;而这次,既无计算器,也无其他参考意见,两人在漫无边际的数字世界里居然想到了一块,这正是马云和孙正义的默契之处。2002 年马云去日本考察,正要回国时接到孙正义的电话,说无论如何都要见一面,孙正义见到马云说的第一句话是:阿里巴巴与 eBay 是同一个平台的竞争者,阿里巴巴应开始防范 eBay 入侵中国 C2C 市场。这个想法与马云当时的想法完全一致。这也是两人的一种天然默契。

志同则道合,道合则相生相悦,马云和孙正义的默契建立在双方都关注互联网产业发展这同一件事上,也建立在两人所共同拥有的"疯子"性格中,彼此的信任和坦诚使得两人的合作都令对方如虎添翼。这给我们的启示是,只有志同道合,彼此双方才能够建立起真正的合作关系,也只有志同道合,双方的合作才会是愉快、顺利和持久的。

04

第四篇

倒立的管理策略：

大巧无工，大智若愚

阿里巴巴的"倒立"逻辑并不是一种寻求新奇的小聪明；相反，它往往表现出来的是大巧无工、大智若愚的哲学。深入了解马云及其创业经历，我们可以发现，他成功的许多因素并不在于能够吸引猎奇者眼光的各种技巧，反倒是恪守一些似乎老土得要命或冥顽不灵的"陈规"，如不控投的做法、坚持以客户第一而不是股东第一的做法以及在融资时"挑肥拣瘦"的做法等等。在那些"聪明"的人看来，马云这些行为足够愚蠢，因为他弃眼前利益不顾而追求一些"虚无飘缈"的东西。但是，真正愚蠢的却是这些"聪明"人，马云的管理思想是一种寻求最长远发展的智慧，而不是斤斤计较短期利益的技巧，这种大巧无工、大智若愚的智慧是阿里巴巴"倒立"逻辑的重要本质。

第十二章
"中国合伙人"

  2013 年,有一部电影叫《中国合伙人》,讲述了 20
世纪 80 年代三个中国大学生合伙创业的故事。其实
马云及其团队共同出演的"中国合伙人"故事已经上
演了十多年,"剧情"一直以来都颇为跌宕起伏。但
无论如何,这个团队都始终保持着刚创业时的激情,
即使有人进有人出,团队的精神核心始终如一。马
云最为得意的就是他的团队,这是一支经得起苦难
与诱惑的团队,也是一支值得信赖与付出的团队。
治理企业用智慧,但打造团队却要凭真诚和信任。
马云深谙此理,也正因此,现实版的"中国合伙人"才
有了许许多多引人入胜的情节。

苦难铸造团结

　　就像我一直说的，我不是公司的英雄。如果我看起来像，那是因为我们的团队造就了我，不是我造就了团队。阿里巴巴最宝贵的财富是我们的员工，他们是我们的一切。[①]

　　阿里巴巴草创阶段，马云拥有一支令大部分创业者羡慕不已的团队。但是，这支团队几乎没有什么名牌大学毕业的高才生，更没有所谓的海归，而是一帮名副其实的"乌合之众"。马云原来的职业是大学英语老师，他的妻子、同样也是阿里巴巴的创始人之一的张瑛，原来也是大学英语老师。另一位创始人、至今阿里巴巴 27 个合伙人之一的金建杭，大学的专业是新闻，原来是《浙江日报》的记者；彭蕾所学的专业是企业管理，也非 IT 行业出身。

　　但是，这样一支团队在还没有几个人知道互联网的时代里，却创造出了阿里巴巴帝国。从最早的中国黄页，到北京外贸部的网络工作经历，再到两手空空回到杭州建立阿里巴巴，这支被称为"十八罗汉"的创业团队始终坚持了下

[①]　金错刀：《马云创业逻辑》，中信出版社 2012 年版，第 153 页。

来,从 1995 年建立中国黄页到 2000 年阿里巴巴初步成立,马云及其团队在五年中经历了许多人所无法想象的艰难困苦。与张朝阳、王志东、丁磊和王峻涛等四个创业即首战告捷的互联网"掌门人"相比,马云及其团队比他们多了五年的艰难探索,但也积累了五年千金难买的宝贵经验。技术、网站都可以模仿,而苦难以及战胜苦难的艰辛历程却是别人无法复制的珍宝。

很多时候,荣华富贵不能换来团结,但是苦难却能够换来这种可贵的东西。阿里巴巴创业初期,团队成员每月只能拿到 500 元工资,甚至有时连 500 元也拿不到;每天吃几元的盒饭;每天工作 12 小时,加班时要连续工作 16 个小时,没有非凡的忍耐力是难以做到的;住的地方更是"惨不忍睹",据说创始人之一的谢世煌和几个工程师合租了一套毛坯房,Tonny 和盛一飞合租一间农民房,除了床垫什么也没有,楼下就是菜市场,他们只能用报纸来糊墙。

但是,艰苦的岁月带给这支团队的却是疯狂的工作态度和齐心协力的团队精神。马云在关键的时候很能发挥他的领导能力,他非常善于用激情来激发团队成员的工作激情。

"就是往前冲,一直往前冲。我说团队精神非常非常重要。往前冲的时候,失败了还有这个团队,还有一拨人互相支撑着,你有什么可恐惧的? 我觉得黑暗中大家一起摸索一起喊叫着往前冲,就什么都不慌了。十几个人手里拿着大刀,啊! 啊! 啊! 向前冲,有什么好慌的,对不对? ……在未来三五年内,阿里巴巴一旦成为上市公司,我们每一个人所付出的所有代价都会得到回报。"①

同时,马云也非常看重团队成员的工作状态,即使再苦再累,他也不希望成员整天愁眉苦脸。在他看来,团队成员的心情状态是反映团队的"幸福度"和团结程度的重要指标:

① 海华:《马云教典》,华中科技大学出版社 2009 年版,第 23 页。

"判断一个人、一家公司是不是优秀，不要看他是不是哈佛大学毕业，是不是斯坦福大学毕业，不要看公司里面有多少名牌大学毕业生，而要看这帮人干活是不是发疯一样地干，看他每天下班是不是笑眯眯地回家。"[①]

在困境中，我们并不需要特别去费心思，借助外在的力量来帮助自己，相反，无论是个人或是团队，艰难困苦都是一笔可贵的财富，如果你善于利用苦难，那么你将会获得一笔金钱无法买来的经验。大巧无工，真正的聪明并不是去埋怨、憎恨艰难苦楚，而是"享受"和利用这种宝贵的经验。

"不控股"的公司

我第一天就不想控股，我说一个 CEO，一个公司的头绝对不能用自己的股份来控制这家企业，而是应该用智慧、胸怀、眼光来管理领导这家企业。[②]

在公司股权结构上，马云自创建阿里巴巴以来就一直秉持着一种很特殊的个人参股方式：不控股。

1999 年，马云和他的团队成员各掏腰包共同凑够 50 万元种子资金，这一方面反映了阿里巴巴初创时期的资金艰难，另一方面也反映了马云一开始就已具备"不控股"的治企理念。根据当时马云的声名和能力，他完全有办法解决 50 万元启动资金的问题，但是，他却非常认真地采用了"合伙"的办法，甚至定下了几条原则：

第一，不向父母借钱，不动老人的养老钱；第二，不向亲戚朋友借钱，不能

① 金错刀：《马云创业逻辑》，中信出版社 2012 年版，第 154 页。
② 华胜：《马云传奇》，中国经济出版社 2009 年版，第 90 页。

影响家人的生活。愿赌服输,大不了重新开始。

马云坦言,采用不控股的做法是他试图用智慧、胸怀和眼光来管理企业的一种表现。喜欢看武侠小说的马云充满了侠义情怀,对中国文化语境中的管理文化很清楚,他说:"家庭气、小本本主义、小心眼,这些东西都不行,西方的公司是用制度来保证,而我们中国人是用人来保证。"①中国的企业应当"落地生根"、"接地气",在管理文化上的表现就是采取符合中国文化风俗的管理制度和方法,人聚则生财,即使是办企业开公司,也要做得尽情尽味,如果赢得钱财但输掉了人情,最终只能"独孤求败"。

"不控股"反映的是马云的一种胸襟和智慧。2007 年,《中国企业家》杂志举办了"最具影响力 25 位企业领袖"评选,马云获奖,柳传志为其颁奖并当众表示马云有四件让他觉得了不起的事情,其中之一是:"这次阿里巴巴上市以后,我在报纸上看到他把这么多的股份留给了他的同伴分享,他自己只得 5%,这个胸襟,这个志向,我都觉得了不得。虽然他比我年轻得多,但是我真诚地向他学习,向他致敬。"③

马云的"不控股"所带来的结果是在阿里巴巴 B2B 业务上市后,阿里巴巴近千位员工一夜之间成为百万富翁,阿里巴巴一时被称为"千人富人帮"。2007 年,马云在 B2B 公司只象征性持有 1.89 亿股股份,而 B2B 旗下的 4900名员工总共持有 4.04 亿股份,远远超过马云。马云并不在意自己的员工富起来,他一直以三个人作为自己低股权掌控企业的成功参照:比尔·盖茨,他只持有微软约 10%的股份;任正非,他在华为的持股不到 1%;杨致远,他在雅虎持股不到 5%。在马云心中,"精神控股权"似乎远比实质控股权重要,他需要的并不是员工因股权而跟随自己,而是因自己的领导魅力而追随自己。

---

① 华胜:《马云传奇》,中国经济出版社 2009 年版,第 90 页。
③ 金错刀:《马云创业逻辑》,中信出版社 2012 年版,第 155 页。

实际上,很多人都并不看好马云的"不控股"制度,他们甚至误解马云的"不控股"就是阿里巴巴对自己的"不控股"。但实际上这两者的区别是很明显的:"不控股"只是马云个人与阿里巴巴集团的股构结构之间的关系,并不涉及阿里巴巴对自身股权的关系。早在 2009 年,马云就开始酝酿"合伙人"制度,这个制度保证了阿里人——一批对阿里巴巴的文化价值观念有高度认同的员工——对阿里巴巴的控股。这是一种新颖的控股方式,至于马云自身,他更希望通过自己的精神力量而不是股权来影响阿里巴巴。曾有外国的投资者问马云,为什么中国很少有超过 20 亿美元规模的企业,马云的回答是:"我认为一个核心的原因是,中国人喜欢控制,40%、50% 都是我的股份,(从而造成)财聚人散。"[1]这是马云的哲学:钱散则人聚,财聚则人散。

平凡的人、平凡的事

后来我有机会认识很多企业家、政府领袖,发现越是大人物,他们就越平凡。克林顿跟你聊天,眼睛会专注地盯着你,那一刻让你觉得自己是世界上最重要的。所以我后来看任何人都一样,用平凡的眼光去看。平凡,才是朋友。是神,我就把他供起来了。[2]

马云其实就是一个平凡的人,只是很多人把他当作神一样来看待。2014年 6 月 29 日,马云到清华大学演讲,他总结了一下自己"傻"的地方:自己数学

---

① 华胜:《马云传奇》,中国经济出版社 2009 年版,第 90 页。
② 阿里巴巴集团:《马云与员工内部对话》,红旗出版社 2013 年版,第 47 页。

不好，没学过管理学，看不懂财务报表，甚至没有在淘宝上买过东西，也不会用支付宝……

　　或许正因为自己不够"聪明"、平凡无奇，所以马云一直都很关心平凡的人，做平凡的事情。他的创业团队就是由一帮平凡的人组成的，他做的事情其实也很平凡，只是帮助中小企业做生意、帮助一般老百姓更方便地购物，阿里巴巴的目标客户就是定位于数量占绝大多数的普通人。正因为平凡，平凡的眼光和平凡的心态，所以马云在无数的艰苦困境中成功地走到了今天。

　　马云也有过不平凡的心态。2000年左右，阿里巴巴获得第一笔投资，共有500万美元。过惯"穷日子"的马云被这些钞票冲昏了头脑，他决定打造一支"高大上"的团队，花重金在海外设置大量机构和办事处，聘请知名人才负责公司的管理、技术和运营，甚至空降人才到硅谷阿里巴巴办事处上班。但是，这些钱都用错了地方，阿里巴巴并不能支撑起这些昂贵的经费。由于价值观念不和，高薪聘请过来的人才无法共事。马云最后不得不裁掉了大部分海外机构，辞退闲置的人才。经过这样一次"打了鸡血"的事情后，马云做事"平凡"多了。他后来在不同场合多次自我点评了这种做法：

　　"我给老总一个建议，请人不要请最好的人，（要）请最合适的人。这是很痛苦的教训，我作了一个比喻，就是我们公司当时是一台拖拉机，但我们给它装了一个波音的引擎。你的企业还没达到一定实力的时候，不要请他们。"[①]

　　不能给一辆拖拉机装飞机的引擎是一个很清醒、很深刻的命题。很多时候，人们不会承认自己是一辆"拖拉机"，特别是那些已有所成的人，他们做了一些不平凡的事情，因而习惯了用不平凡的心态对待自己，把自己看作一个成功人士，没有看清楚自己真正的能力与处境，把飞机的引擎装在自己身上，结果只能是跌得更痛、摔得更远。但如果敢于承认自己是一辆"拖拉机"，那么也就很清楚自己需要什么样的引擎，逐步地、有节奏地加速，远比不切实际地为

---

① 金错刀：《马云创业逻辑》，中信出版社2012年版，第163页。

拖拉机装飞机引擎要跑得更快、更顺利。

正因为有着平凡的心态,所以马云才有面对困难时所表现出来的忍耐和坚强,也有了今天具有浓厚的"教父"光环的智慧。很多时候,真正的智慧并不需要一些外在的、惊人的东西作装饰,它蕴含在最为平凡和寻常的细节之上。如马云所说,拿出一把屠龙刀或倚天剑并不就见得武功有多厉害,真正厉害的只需要一根木棍就够了。这就是大巧无工、大智若愚的境界。

壮士断腕

这个世界不需要再多一家互联网公司,也不需要再多一家会挣钱的公司;这个世界需要的是一家更加开放、更加透明、更加分享、更加责任,也更为全球化的公司;这个世界需要的是一家来自于社会,服务于社会,对未来社会敢于承担责任的公司。[①]

2011年2月21日,春节的气氛正在慢慢消退。"一年之计在于春",人们正在慢慢从节日的氛围里走出来准备,新一年的奋斗。这天,阿里巴巴的员工收到一份来自马云的邮件,这是阿里巴巴新年的第一声"春雷",但它不是带来甘露琼浆,而是带来了一次企业高层"地震"。

事件要回到一个月前。2011年1月22日,马云通过一封邮件知晓公司内部可能出现了欺诈客户的事件,马云连夜召开公司高层会议,进行了一次长谈,并决定第二天立刻开始调查。一个月左右后,调查结果公布:

"经过近一个月的调查取证,查实2009、2010年两年间分别有1219家(占

---

① 魏昕、石海娥:《马云帝国内幕》,新世界出版社2013年版,第249页。

比 1.1％)和 1107 家(占比 0.8％)中国供应商客户涉嫌欺诈！骗子公司加入阿里巴巴平台的唯一原因是利用我们 12 年来用心血建造的网络平台向国内外买家行骗！并查实我公司确有近百名为了追求高业绩高收入，明知是骗子客户而仍与其签约的直销员工！"[①]

这一个多月里，马云处于一种罕见的非常态情绪之中，他痛苦、纠结又愤怒。"欺诈门"暴露出的问题并不仅仅是公司财产的损失，更严重的是一种不良的工作作风正在阿里巴巴内部蔓延，那是一种为了寻求短期利益而不择手段的风气。这是对阿里巴巴和马云"为诚信而战"的努力的公然挑战。马云深感公司的企业文化和价值观已不再被部分员工所认可，也不再被部分高层所强调。马云决定批准阿里巴巴 CEO 卫哲、COO 李旭辉等高管的辞职。

这次"欺诈门"所引发的公司高层人事变动几乎是阿里巴巴成立以来最大、最突然的一次变动。有不少人认为，所涉及的欺诈客户比例过小，辞退卫哲是小题大做的行为。要知道卫哲"空降"阿里巴巴曾经引起马云多大的关注，他曾高度评价卫哲，认为他将成为阿里巴巴未来发展中举足轻重的人物。

但是，在大是大非面前，马云很清醒、很果断。在此次欺诈事件中，即使这些高层没有做错任何事情，他也认为相关负责人必须承担起责任，阿里巴巴必须付出一定的代价，并向外界发出信号，表明自己仍是一家为诚信而战的企业，阿里巴巴的诚信与价值观不容任何一丝一毫的挑衅与污染。辞掉卫哲是马云壮士断腕之痛，但他忍得住这个痛，因为他很清楚，今天不痛，明天就要受苦：

"社会上认为这个事情肯定是搞得太大了。但这是癌症，必须把它的根给挖了。你不挖癌细胞很快就扩散了。虽然当时很痛，但是痛和苦是不一样的。

---

① 魏昕、石海娥：《马云帝国内幕》，新世界出版社 2013 年版，第 248 页。

我说今天不痛,明天我们就要受苦,苦比痛更可怕,到痛苦不堪的时候,我们就完了。所以这些事是做给所有的人看的,就是让他们看见我没有被别人骗,因为我发现了。我们不仅是对恶行的仇恨,更是对看见恶行冷漠的仇恨。"[1]

这是马云的一种权衡与对策,"欺诈门"事件即使当时影响并不大,但它就像一个癌细胞,必须斩草除根才能够确保未来的健康。任何容忍与轻视,都只会助长癌细胞的增长,零容忍是一种态度、价值与决心。

从"创始人"到"合伙人"

怎样的制度创新才能实现我们的梦想呢?从 2010 年开始,集团开始在管理团队内部试运行"合伙人"制度,每一年选拔新合伙人加入。合伙人作为公司的运营者,业务的建设者,文化的传承者,同时又是股东,最有可能坚持公司的使命和长期利益,为客户、员工和股东创造长期价值。[2]

2014 年 6 月,阿里巴巴终于正式公布关于其合伙人制度的内幕,在这之前,合伙人制度已经在阿里巴巴内部实施了四年。

2009 年,在阿里巴巴十周年之际,阿里巴巴的"十八罗汉"正式辞去"创始人"的身份。当时马云的想法是:"我们不希望背负过去的荣誉,明天我们将会重新应聘求职于阿里巴巴,和任何普通员工一样,从零开始,为下一个 10 年继

---

[1] 阿里巴巴集团:《马云与员工内部对话》,红旗出版社 2013 年版,第 109 页。
[2] 姚欢:《马云首度披露阿里合伙人制度:已有 28 位合伙人》,http://www.iceo.com.cn/renwu2013/133/2013/0910/270801.shtml,2013 年 9 月 10 日。

续努力。"①"创始人"其实并非一个实质性的职位，充其量只是一种身份，因而这种"辞职"也并非实质性的辞职。马云在宣布这条消息之后，旋即宣布：重新应聘这十八位员工，而且，他们原有的具体业务并没有改变，唯一改变的只是他们的身份：这十八位员工——包括马云自己——正式从阿里巴巴的"创始人"走向"合伙人"。从 2009 年 9 月 11 日开始，阿里巴巴进入"合伙人"时代。

从 2010 年开始，阿里巴巴正式探索"合伙人"制度，到 2013 年阿里巴巴十四周年庆之际，马云认为合伙人制度终于可以公之于众了。同时公开的还有合伙人的评判标准：在阿里巴巴工作五年以上，具备优秀的领导能力，高度认同公司文化，并且对公司发展有积极性贡献，愿意为公司文化和使命传承竭尽全力。2014 年，阿里巴巴正式宣布了 28 名合伙人的名单。

从马云关于合伙人的判断标准上面，我们可以感觉到，合伙人制度对于阿里巴巴的意义似乎更多地集中在传承企业文化、价值观等层面上。在 2013 年9 月 10 日的内部邮件中，他强调，阿里巴巴建立合伙人制度并不是为了更好地控制这家公司，而是为了更好地激发、传承企业内部的文化动力。合伙人制度就是企业内在动力机制，阿里巴巴有责任通过挑选与自己"志同道合"的——其中企业文化价值认同上的"志同道合"尤为关键——有能力的员工共同打造阿里巴巴的未来，传承企业的使命，打造一个有生态思想的社会企业，弥补当前资本市场短期逐利趋势对企业长远发展的干扰。

这是马云版"中国合伙人"的核心内容。一个公司的资本结构往往会影响到公司原有的企业文化、经营理念以及价值认同。马云高度强调阿里巴巴独特的价值文化观念，无论是"让天下没有难做的生意"、"快乐工作认真生活"还是"创造人类新的商业文明"，这些文化价值观念都是阿里巴巴的内在精神灵

① 曹敏洁：《阿里巴巴十八罗汉"重新上岗"马云：再创 1 亿就业机会》，《东方早报》，2009 年 9月 15 日。

魂,一旦被资本市场的文化所稀释或改变,将会严重影响阿里巴巴未来的发展,使其偏离原来的长远发展目标。合伙人制度能够很好地保护企业文化观念的传承,因为一个员工要成为合伙人,首先必须是阿里巴巴企业文化的坚定支持者与维护者。因此,阿里巴巴的合伙人制度是一种新颖的、非常值得探索的企业管理制度。美国的谷歌(Google)和脸书(Facebook)也曾采取过类似制度,以避免企业原来的文化价值观念被资本市场所稀释。

关于阿里巴巴的合伙人制度,其实马云之意并不全在于对企业文化的传承,他还要兼顾公司的股份结构,确定新一轮上市之后仍然能够对阿里巴巴拥有实质性的控制权,而不是单靠马云个人领导魅力的"精神"控制权。马云在创建阿里巴巴前的两次创业经历中,都遭受到因股权被削弱而失去对公司的实质控制,从而导致失败。在中国黄页阶段,与杭州电信合作时,马云只持有30%的股份,而对方持有70%的股份;后来在北京外经贸部工作时,马云通过组建团队而成立中国国际电子商务中心,马云也只占30%的股份,外经贸部占70%。这两次合作的结果都因马云无实际的控制权和话语权而告终。因此,在阿里巴巴阶段,马云个人虽然秉持"不控股"的原则,只有极少数股权,但是,他必须保证阿里巴巴的真正控制者必须是阿里巴巴的"自己人",只有这样,才能避免企业被其他股东所控制的局面。对于这一点,马云在2013年阿里巴巴十四周年庆的内部邮件中也说得非常明确:"各位阿里人,我们不一定会关心谁去控制这家公司,但我们关心控制这家公司的人,必须是坚守和传承阿里巴巴使命文化的合伙人。我们不在乎在哪里上市,但我们在乎我们上市的地方,必须支持这种开放、创新、承担责任和推崇长期发展的文化。"[①]

实际上,通过合伙人制度来避免企业股权结构失衡与避免企业文化被资本市场文化所稀释,不过是同一件事的两种说法。如果股权结构失衡,阿里人

---

① 姚欢:《马云首度披露阿里合伙人制度:已有28位合伙人》,http://www.iceo.com.cn/renwu2013/133/2013/0910/270801.shtml,2013年9月10日。

失去对阿里巴巴的实质控制权，那阿里巴巴的企业文化也就必然被稀释、影响。因此，在这里，我们能够看到马云"以退为进"的管理智慧：辞去创始人身份，辞去的并不是在企业管理上的优势地位，而是一种僵化的管理制度——创始人毕竟有限，如果一直保持着由创始人组成的管理高层，那么新晋员工将无法融入阿里巴巴的管理高层之中。只有真正带来一种开放的、包容的、灵活的管理制度，阿里巴巴才能够始终保持年轻与活力。

第十三章
"上帝"的分量

在基督教中,上帝扮演着一种全知全能全善的角色,是一个有无限能力的存在者,它决定了一切,是一切价值的标准。人是一种有限的存在,因此会不断犯各种错误,上帝是人的道德审判者和道德标准,只有根据上帝的启示,人才能够不断地洗清身上的"原罪",最终获得拯救。在商业世界里,顾客代替了上帝的角色,他们是一切商品的终端,他们在判断产品的能力上也是"全知全能"的,只有把消费者的标准当作自己的标准,商家才能够真正了解消费者,了解自己的商品,从而往更好的方向发展。这是商业领域中"上帝"的分量。马云很清楚这个"上帝"的分量,与大多数其他企业家把股东排在第一的做法不同,马云将客户排在第一位,使客户真正成为"上帝"。阿里巴巴正是在"上帝"的关怀和支持下,才最终得以走到今天。

客户第一

所以客户第一这个想法请大家要记住。几乎所有的公司都是这么讲的，但未必所有公司都这么做，包括阿里巴巴也这样。今天阿里巴巴的员工已经达到 2500 名，我们不能保证每个员工都能够把客户利益放在第一位，但是我们训练的时候必须要这样。①

阿里巴巴是一家服务型的企业，马云很清楚这种定位，因而他也很清楚在客户、员工和股东之间，孰轻孰重。他的逻辑其实很简单："有人将员工利益放在最前面，如果员工利益第一，大家是会和和气气、开开心心地工作，但是如果客户不满意，没人给我们付钱，那么最后这个团队还是要把员工辞退。所以我最怕见的不是股东，最怕见的是我的客户，因为客户会告诉我阿里巴巴的服务到底好还是不好。"②

客户才是真正的财富之源，如果要坚持"有奶便是娘"的话，那么娘家不是

① 赵建：《马云传：永不放弃》，中国画报出版社 2008 年版，第 165 页。
② 金错刀：《马云创业逻辑》，中信出版社 2012 年版，第 109 页。

股东,而是客户。在一家服务型的企业里,客户才是衣食父母。坚持客户第一的原则,首先要做的是如何为客户提供更为便捷的服务。阿里巴巴是一家面向中小型企业的服务型公司,淘宝网也是一个面向普通大众的电子购物平台,这些客户总体而言不是知识文化水平特别高的人,而是最为普通的年轻一族,因此,一种便捷、易懂的服务流程对阿里巴巴来说是非常重要的。阿里巴巴成立初期,马云亲自做了一年质量检查员,他不懂电脑,更谈不上什么技术,只是像一个最初级的网民那样只会浏览网页,进行一些最简单的工作。马云以自己的这个水平作为衡量一个程序是否合格的标准,只要他会操作了,那么绝大多数客户也会操作。马云的一个助理比马云更不懂电脑网络,于是马云煞费苦心地安排他去一个项目组里"指导"工作,实际就是借用助理这个网络"小白"来测试这个项目是否合格。

这些听上去令人啼笑皆非的"鬼主意"实际反映出的是一个很严肃的问题:在阿里巴巴,客户第一是不可侵犯的"天条",即使在程序设计、操作平台设计方面也必须遵循这条原则,更遑论直接面向客户的服务工作了。

据说,阿里巴巴曾有一个业务员将山东一个二、三线城市的房地产开发商发展为客户,并向客户保证,通过阿里巴巴,他的房子能够卖到世界的每一个角落。尽管这个业务员因此为阿里巴巴带来了不菲的收入,但是,马云最后还是开除了这个员工,因为他欺骗了客户:阿里巴巴根本不可能把房子卖到世界各地。马云因为价值观这种"看不见摸不着"的东西而开除员工的事不断发生,其中卫哲是职位最高的一个。马云承认,辞退卫哲并不是因为他和欺诈门事件有直接的关系,而是因为他没有让自己的下属完全做到客户第一这个"天条"。

客户第一的原则要求把客户放在脑袋里。马云曾在一个公开场合上讲过一个故事。在美国某城市,某天晚上十一点多,下着大雨,一辆丰田汽车停在路中间,因为雨刮器坏了,开车危险。突然从雨中冲出一个老人,趴在车上淋着雨把雨刮器修好了。车主问他是谁，这个老人说他是丰田的退休工人，看到公司的产品出了问题，认为自己有责任把它修好。

"假如你有这样的员工，你的公司不需要什么战略，自然会发展起来，而且越来越强大。这就是文化，规章制度一定不会写'出去的时候看到雨刮器坏了，赶紧趴上去修'，只有对客户真正热爱，把客户放在脑子里才能做到。这就是公司组织的强大。"①

把客户放在第一位，是马云有别于其他许多企业的做法。这种逆向的做法是阿里巴巴成长的力量源泉，马云在这里仍然按着他自己的"八卦图"在走着凌波微步，在不经意间做了一些看似平淡无奇的改变，但实际上这正是他的大巧与大智的体现。正是这些平平淡淡的小改动，换来了阿里巴巴今天的成功。

授人以渔

阿里巴巴所做的是教人钓鱼，而不是给人鱼。电子商务是一个长期发展的过程，它不是一个投机行为，它是一个投资行为。它就像你学英文一样，不是你交了钱就能懂英文，你交了钱还得去努力，还得去学。②

阿里巴巴是一家服务型的公司，马云对这一点很清楚。他认为，阿里巴巴是为商人提供服务的电子服务公司，其制胜法宝就是服务理念。为客户服务，最为人关注的就是教人怎么赚钱。古人说，授人以鱼不如授人以渔，把赚钱的

---

① 阿里巴巴集团：《马云与员工内部对话》，红旗出版社2013年版，第40页。
② 朱甫：《马云管理思想大全集》，海天出版社2011年版，第138页。

方法与技艺传授给客户,那才是真正为客户服务。

一直以来都有人在研究阿里巴巴的模式是什么,在成立初期,阿里巴巴被称为一个"不会赚钱"的公司,因为它一直不赚钱,不是赚不到,而是不把赚钱当作第一目标,甚至不当作目标。马云的理念是要赚钱必须把钱看轻。因此很多局外人都越看越糊涂,他们不相信有不想赚钱的公司,因此总在想方设法寻找阿里巴巴的盈利模式。实际上,直到2005年,马云仍然表示,他自己也不知道阿里巴巴的盈利模式是什么,他只知道一点:客户赚钱了,他们就一定能赚钱。

实际上,这不是马云的什么独到之处,而是一个最简单的道理:如果自己所帮助的人都赚了钱,那么自己离钱还远吗? 这个道理之所以一直被那些研究阿里巴巴的人称之为某某模式,是因为他们把事情想得太复杂了。马云想得很简单,如果阿里巴巴只是客户的一种赚钱工具,像传真机、电话等一样的必备工具,那么还用担心没有人为它花钱?

对马云来说,阿里巴巴不仅要成为客户赚钱的工具,而且还必须成为客户的一种技能。他说:"今天大家离不开网络新闻,明天大家做生意一定离不开网络。十年以后,二十年以后,三十年以后,中国所有的企业都会在网上做生意,全世界大部分企业的行为都在网络上面(进行),所以你今天在网络上投几千块钱、几百块钱都会让你受益匪浅。请你们记得,电子商务(将)成为每个商人必须有的一项技能。"[①]

为了实现授人以渔的目标,2004年教师节那天,阿里巴巴的内部大学"阿里学院"宣布成立。这是中国第一家互联网企业学院,它以为新商业文明培育人才为宗旨,其中一项重要的培训内容就是培训客户,传授电子商务知识、相关法律法规以及使用阿里巴巴电子商务平台的方法与技巧。在阿里学院这个平台上,马云已经与亨利学院、沃顿商学院、哈佛商学院等世界知名学院以及

---

① 朱甫:《马云管理思想大全集》,海天出版社2011年版,第162页。

国内的北大、清华等著名高校展开了合作，以实现互换教师和教育场所，为所有的学员提供更为实用与丰富的电子商务知识与技能。

授人以渔，自己才能收获更多的鱼，马云这一想法看似简单，实际蕴含着大智慧，赚钱的确不是马云的首要目的，他的首要目的是把广大客户服务好，帮客户去赚钱。如果把这一点做好了，那么阿里巴巴随时随地都可以赚钱，因为它的客户要想赚钱，就根本离不开阿里巴巴，而且他们也根本不在乎花更多的钱去获得阿里巴巴的服务，因为花钱对于他们意味着自己能够赚更多的钱，此时的马云就可以"坐收渔利"——这就是阿里巴巴的盈利模式。

一块布的理论

我们那时要用一块布赢一块钱，在所有的互联网公司都在挖空心思赚客户钱的时候，我们的想法是反正我们赚不到钱，所以挖空心思帮助客户成功，这是我们当时的出发点。[1]

马云的"一块布理论"来自于他母亲的一次买空调的经历。马云的母亲从来没有买过电器，但在家里需要买空调的时候却坚持要买海尔空调。马云告诉她，海尔空调要比别的空调贵，而且它的质量也不见得好多少，市场上大多数空调都差不多，为什么要坚持买海尔空调？ 他母亲说，海尔空调的服务人员来到家里安装会顺便带来一块布，安装完后会把地板擦干净再走。马云明白了，虽然这块布可能会提高海尔空调的价格，但是，"其实这块布擦的不是你们家的地板，擦的不是你们家的机器，擦的是客户的心"[2]。

---

[1][2] 朱甫：《马云管理思想大全集》，海天出版社 2011 年版，第 143 页。

　　这是一种服务的意识。据说海尔的"国际星级一条龙"服务甚至细致到上门服务时会事先套好鞋套，免得弄脏客户家里的地板；安装空调时要先把沙发、家具等罩上，免得有尘埃落下弄脏了它们；服务员自带烟水，不能喝客户家里的一口水，不能抽客户的一支烟，临走前必须把地板擦得干干净净。这些细节都显示出海尔对客户的真诚。如果说你的产品跟别人的产品没什么本质的区别，那么，如果你能够为客户提供更好的服务，哪怕是像带来一块布把地板擦干净这样细小的服务，你都会赢得更多客户的拥戴和支持。

　　服务意识是阿里巴巴自成立以来就刻意去培养的一种自觉性。在成立初期，为了第一时间回复客户的问题，阿里巴巴的客服甚至坚守到深夜。当有客户在凌晨两三点收到自己刚发出去的邮件的回复时，觉得非常奇怪，怎么会有客服凌晨还在上班？但来自阿里巴巴的回复是：时间没错，我们还在线上。

　　服务的意识早在2001—2002年就已深入阿里巴巴的骨子里，直到今天，阿里巴巴的六大价值观的第一条就是客户第一。一般公司的组织结构都是呈正三角形，最上面是CEO，然后是总经理、部门经理，然后是员工，最下面才是客户，而阿里巴巴却将这个三角形倒过来，客户位于最高一级。

　　这是阿里巴巴在结构上的倒立逻辑。客户第一的原则要求对客户进行细致、周全的服务，客户第一不只是在公司规章上写写而已，不是一种形式主义，而是一种实践和工作的具体内容。阿里巴巴的很多客户都是商人，他们都没有时间上网，更不会花很多时间去注册一个他们觉得很玄乎的东西，因此马云始终强调，要把"简单"、"便捷"作为一切操作程序的首要标准。他说："真正的高科技就是一摁一开，不要弄得很玄乎。我坚信这一点，电子商务很简单，应把麻烦留给自己，不要留给用户。"

　　马云正是用"服务"这一块"布"擦亮了许许多多用户的心。阿里巴巴的成长靠的不是什么洋技术，也不是靠一些"高大上"的东西，它凭借的是一种非常简单的东西：服务。服务是最简单的东西，从最一般的小吃店到最豪华的大酒店，从最常见的眼镜专卖店到最大型的汽车企业，最常见的"技术"就是服务，服务周全到位，那么其他大部分问题都会迎刃而解；如果服务不周全，那么再多的投入也可能会打水漂。最大的技巧就隐藏在最寻常的东西之中，最大的成就其实也就是在不知不觉中把这些寻常的东西做得不寻常。这是马云管理哲学中的大巧无工的智慧。

不要"老"客户

我们为什么对电子商务越来越有信心，因为我花了很多的时间去关注他们（年轻一代），如果今天想要去说服 40 岁的成功人士，代价是非常大的，所以有人跟我讲阿里巴巴不好，没有关系，我是靠那些相信我们的人，有很多 20～25 岁的都是我们的客户。①

在中国，网络是属于年轻一代的。虽然中国引进网络是 20 世纪 90 年代的事情，但网络真正"飞入寻常百姓家"却是在 21 世纪才发生的。因此，现在的中年一代即使目睹了网络的兴起与繁荣，但真正参与其中的只是极少数一部分，只有年轻的一代，才真正把网络、电脑当作日常生活中必不可少的一部分。实际上，年轻人敢于挑战、勇于尝试，善于接受新事物，而中年人则趋于保守，寻求平稳，不敢尝试新事物，这也是年轻人适应网络的天然因素。据数据显示，即使在美国，也有 40％年龄在 45 岁以上的计算机用户对网上购物和在

---

① 朱甫：《马云管理思想大全集》，海天出版社 2011 年版，第 146 页。

线服务缺乏信心①。有人通过中国互联网数据平台做过一个分析,其中显示,年龄在10～49岁之间的网络用户,单日访问次数最多的互联网服务均是网上购物。②

因此,马云不要"老"客户的思想非常实际:中年人思想不够活跃,很多时候都被一些先入为主的观念束缚着,不能够用欣赏的眼光去对待新事物,特别是那些中年成功人士,要想改变他们的思想习惯难之又难。

马云很注意调整阿里巴巴员工的平均年龄,申明"不要老员工"。2014年6月最新公布的27名阿里合伙人中,有21名是70后,如此年轻的领导班子在国内大型企业中是很少见的。领导核心的年轻化所带来的优势非常明显,他们对时代的变化有最为敏捷和敏锐的反应,善于接受新事物,思维灵活,对于管理作为一家以年轻人为主要客户群体的阿里巴巴最适合不过。所以有人认为:"以马云、蔡崇信为代表的60后跟以彭蕾、张勇、程立、姜鹏为代表的70后实现了一种传承。前者可以在公司战略、未来布局方面有更多经验,而后者则在技术、业务方面有更强能力,更理解阿里巴巴所面向的用户。"③

阿里巴巴的员工则是更年轻的80后一代,他们的平均年龄在28岁左右。这一代年轻人刚进入社会不久,有的甚至刚刚大学毕业,他们当中大部分的人都被房子、车子等问题捣毁了理想,泯灭了借助知识与能力来获得更丰厚的回报的希望,但又有点不甘心脚踏实地地埋头苦干。他们往往被视为心浮气躁、眼高手低的一代人。但是,正是这样一代年轻人创造了阿里巴巴一个又一个奇迹,因为从另一个角度来看,这一代年轻人有知识、有文化,善于接受新事

---

① 朱甫:《马云管理思想大全集》,海天出版社2011年版,第147页。
② 李长江:《各年龄网民使用互联网服务的差异分析》,http://blog.sina.com.cn/s/blog_5101b9050101185t.html。
③ 周文:《阿里合伙人名单公布:70后构成管理团队核心层》,http://roll.sohu.com/20140617/n400953047.shtml,2014年6月17日。

物,敢于拥抱变化,在日新月异的科技时代里得心应手,游刃有余。而这正是阿里巴巴最为理想的员工,只有这样的员工,才能够与阿里巴巴的客户对上话。

时代总是在不断地更新,不断地新陈代谢,年轻的一代是未来的希望与支柱。因此,只有面向未来,才能够获得真正的生命机会。虽已步入中年,但长久站在时间的最前沿奋斗的马云对时代的这种趋势再清楚不过了。

第十四章

阿里人的"地位"

员工，在马云眼里占据着很特殊也很重要的位置。他曾经说过："假如你是这个公司的老板，你要把自己当打工者看，假如你是一个打工者，你必须把自己当老板看。"他直言自己是在为阿里巴巴的2.3万员工打工，他属于阿里巴巴，但是阿里巴巴不属于他，而是属于两万多名员工，属于这个时代。阿里巴巴的员工大部分都是70后或80后，马云为他们"打工"也就是为他们的成长负责，他们的成长和工作是马云非常关心的事情。这就是阿里人在阿里巴巴的"地位"。

第一 or 第二?

员工第一,客户第二。没有他们,就没有这个网站。[1]

前文中马云言之凿凿说客户第一,现在又说员工第一,那么到底谁才是第一?

对马云来说,这两种说法并不矛盾:在公司团队管理上,员工第一;在公司业务发展上,客户第一。这一近乎诡辩的解释其实反映了马云内心真正的想法:打造团队时,员工永远是最重要的,自己则是可以"一退再退"的。

"当员工达到 100 人时,我必须站在员工的最前面,身先士卒,发号施令;当员工增至 1000 人时,我必须站在员工的中间,恳求员工鼎力相助;当员工达到 10000 人时,我只有站在员工的后面,心存感激即可,如果员工增到 50000~100000 人时,除了心存感激还不够,必须双手合十,以拜佛的虔诚之心来领导他们。"[2]

作为一个"丐帮帮主"(马云在阿里巴巴创业初期曾自称丐帮帮主),马云

---

[1][2]　白山:《马云的人生哲学》,北京工业大学出版社 2011 年版,第 202 页。

如今"号令"着一个庞大的、身价不菲的"丐帮"。但即使到今天,马云仍然没有忘记自己的"帮主"身份,他常常与自己的员工打成一片。据说他经常走到阿里巴巴的公共办公区,手里总是习惯性地拿着诸如橡皮棍之类的小东西,一边玩一边随机地走到某个员工身边,拍拍他的肩膀,听听他工作中的大小难题。一开始,这样的方式让员工有点不习惯,但时间一长,大家都发现这是一个很好的上下级之间的交流方式:既可以听听马总"吹牛",也可以向他反映自己工作上不顺心的事情。马云有一种很多企业高管所没有的"天赋":闻味。据其助理陈伟说,2009 年年初,有一次马云去 B2B 上海分公司,从大办公室走过时,这里的员工像其他地方的员工一样表现得很热情、很惊喜,但马云一走进主管的办公室,关门就问主管:"你们这里有问题,你告诉我发生什么事了?"主管非常惊讶,说早上的确出了点事,他问马云是怎么知道的。马云说:"我觉得员工的热情背后有一丝不安的情绪。"这种"闻味"的本领实际上就是对员工工作状态和情绪的直觉,没有对员工的关心,是锻炼不出这种直觉的。

阿里巴巴员工有一个"权利":不用尊称他为马总,可以直呼其名。有时这个"权利"甚至成为马云的一个要求,当他听不惯别人"马总"前"马总"后地叫时,就会有点不耐烦地说:"拜托你,别叫我马总好不好,叫马云!"①

虽然身为巨头集团"老大",但马云仍然知晓柴米油盐贵。他很愿意为使员工的钱包鼓起来"出谋划策"。2011 年,阿里巴巴宣布,从该年 9 月 1 日起,集团将推出置业贷款"iHome"计划,提供 30 亿元无息贷款,在阿里巴巴工作满两年的大陆员工,在购置首套房时,最高可获 20 万元的无息贷款;服务期满三年的员工,最高可获得 30 万元的无息贷款。2009 年阿里巴巴推出员工互助基金计划,集团出资几百万元,作为对正常的社会医疗保险和商业保险的补充。在阿里巴巴,员工可以持有公司股份。2007 年,阿里巴巴旗下

---

① 海华:《马云教典》,华中科技大学出版社 2009 年版,第 146 页。

的 B2B 业务子公司在香港交易所挂牌上市，以发行价 12 亿港元计，集团有将近 1000 名员工直接成为资产超过 100 万港元的百万富翁。这是令国内众多年轻人一度非常羡慕的员工"造富"制度。马云从来不担心自己的员工富，他只怕员工穷：

"员工富有，公司才富有。我觉得我们今天拿到的钱不是员工口袋里的钱，尽管他们可以套现。但我觉得今天拿到的钱是一种责任，就像 8 年以前我们拿到 500 万美金风险投资。对我来讲，这不是钱，这是一种责任。"①

在公司的业务上，马云把客户放在第一位；在公司团队管理上，马云把员工放在第一位。马云有着许多企业家所没有的胸襟和大度，他有时吝啬得一分钱也不愿意多花，但有时却大方地直接增加基层员工的工资以增士气。钱对马云而言已经成为一种责任，因而，当他主动承担起更多的责任的时候，就同时拥有了履行这些责任的能力。

把钱投在员工身上

我们认为与其把钱存在银行，不如把钱投在员工身上，我们坚信员工不成长，企业是不会成长的。员工是公司最好的财富，有共同价值观和企业文化的员工是最大财富。今天银行利息是 2 个百分点，如果把这个钱投在员工身上，让他们得到培训，那么对员工创造的财富远远不止 2 个百分点！②

著名企业家牛根生曾经很感叹地说："我发现马云大手笔分钱的能力非常

---

① 朱甫：《马云管理思想大全集》，海天出版社 2011 年版，第 54 页。
② 李毕华：《阿里巴巴的营销策略》，海天出版社 2010 年版，前言第 5 页。

强。这就是他的分享能力，所以财散就能聚人。"①

马云是很大度、很有胸襟的人，在阿里巴巴，他只是象征性地持股。早在阿里巴巴创业之初，他就决定团队分散持股，因为他知道，管理的精髓不在于股份，而在于智慧：

"中国有太多企业因为强调控股权与控制权最终陷入利益斗争，影响到公司发展。分享，这不仅仅是管理公司的心得，同时也是阿里巴巴对电子商务的理解。"②

2004年，阿里巴巴的内部大学阿里学院成立，这所秉承"把电子商务还给商人"信念的学院的一项重要任务就是培训员工。除了阿里学院外，阿里巴巴每年都会花巨资送高层管理人员以及专业员工到中欧商学院、长江商学院等著名商学院进行短期或长期的学习和培训，阿里巴巴企业内部甚至专门成立了具有浓厚政治色彩的、在全国互联网企业中独一无二的"组织部"，它着眼于阿里巴巴干部制度的建立、干部的成长和企业文化的发展和传承。

2007年圣诞节，阿里巴巴上上下下的员工仍然沉浸在B2B公司上市的喜悦气氛之中，但当天晚上，出现了一件后来被称为马云"杯酒释兵权"的事件，马云给企业全体员工发了一份涉及企业内部高管重大调整的邮件，其中主要内容是：

"根据公司干部轮休学习计划，集团COO李琪、集团CTO吴炯、淘宝网总裁孙彤宇、集团资深副总裁李旭晖（ELVIS）将会离开现任岗位。李琪将自2008年6月1日、吴炯将自2008年1月1日、孙彤宇将自2008年3月1日、李旭晖将自2008年3月1日起辞去阿里巴巴现有职务，正式进入学习和休整期。让我们感谢他们8年来为集团所作出的卓越贡献，衷心祝愿他们能学习

---

①② 华胜：《马云传奇》，中国经济出版社2009年版，第274页。

好,休息好。"①

　　此次干部轮休所涉及的都是阿里巴巴高管中的核心人员,而且,这不是一次短暂的轮休,而是一次不保职位、不领薪水的"裁员"。这些轮休的干部仍属于阿里巴巴高级管理人才,股票和期权利益不受影响,但至于未来轮休结束后他们是否愿意再回到阿里巴巴,则取决于他们自己的想法。

　　对于这次同时涉及几位高管的轮休,各方的反应很不一样,怀疑马云借此"重新洗牌"、"杯酒释兵权"的大有人在。马云的合作伙伴、著名投资家孙正义对此则表示"叹为观止",因为这是他想了 16 年都不敢做的事情。但是,尽管外界议论四起,马云却很平静也很"知心"地说:

　　"这也是给他们放个假,我不想等他们跟我奋斗到 60 多岁时,向我埋怨说除了工作,没有生活,没有朋友。"②

　　真正关心员工的,给其金钱利益只是浅层次的做法。真正的做法就是让员工工作得快乐,生活得愉快。虽然对于很多基层员工来说,金钱利益是最为直接的"关心员工"的做法,但是,马云看到的不只是这些。为员工提供学习、晋升、成长的机会以及轻松快乐的工作氛围,才是真正的关心员工。阿里巴巴集团的 Logo 是一个富有含义的图标,它不追求深刻到包罗天上地下,只是象征着日常生活中最为寻常、但也最为珍贵的东西:微笑。整个 Logo 就是一个微笑着的@。马云的想法非常简单但也非常可贵:快乐工作。这是他最关心的事情。

---

①　华胜:《马云传奇》,中国经济出版社 2009 年版,第 275 页。

②　华胜:《马云传奇》,中国经济出版社 2009 年版,第 276 页。

"你是吃苦来的"

第一,我们永远不会承诺你发财、升官,在阿里巴巴我们承诺你一定会很倒霉、很郁闷、很委屈、很痛苦、很沮丧。①

马云的助理陈伟曾遇到一件很尴尬的事。他是一个比马云更不懂电脑的网络白痴,但有一次居然被马云暗中安排去公司一个项目组"指导"工作。陈伟心中自鸣得意,自以为是地给了项目组一大堆意见。后来他知道这是马云故意让他去出丑,一方面是以他的网络水平来作为产品是否可以上线的标准,另一方面是压一压他的气势,马云事后跟他说:

"在公司里成长起来的管理人员,哪个没有把脸皮当拖把在地上拖过,拖过你就不会不懂装懂,就会脚踏实地。"②

事实证明的确如此,马云很"喜欢"让员工受苦。他故意把很多城市的办公地点放在租来的单元楼里面,显出一副既寒酸又艰苦的样子。有一次在宁波,一个女孩子前来应聘,发现大名鼎鼎的阿里巴巴居然租用在一座破旧偏僻的单元楼里,心生怀疑,进去前先打电话给男朋友:如果我半小时没打电话给你,你就赶紧过来找我!这种情况估计在阿里巴巴招聘人马时经常会遇到,关于马云为什么总喜欢把办事处落在一些不起眼的地方,他有自己的想法:

"很多企业刚开张,人还没几个,就在一个高档写字楼租下了一个很大的办公室。这样,新招的员工看到这架子,就会觉得这家公司肯定不错,好好在

---

① 金错刀:《马云创业逻辑》,中信出版社2012年版,第18页。
② 陈伟:《这才是马云》,浙江人民出版社2011年版,第62页。

这里发展，会出人头地的。这就让新员工对公司有过高的心理期望值。其实，刚创办的企业要发展，本身肯定有许多的困难，而新来的人却是冲着你的'好'、你的'规模'来的，对面临的困难总是估计不足。于是，久而久之，这家公司的人就会变得越来越少，最后撑不下去。"[1]

这是一种在很多人看来都很奇怪的想法，对于员工，马云送给他们的第一句往往是：你是吃苦来的；然后第二句是：希望你能够坚持下来。"永不放弃"是马云人生的座右铭，是他获得今天的成功最重要的因素之一，也是他最欣赏的品格之一。因此，对于那些能够在艰苦的环境中坚持下来的人，马云始终致以最高的敬意，即使只是无名的员工。在刚成立那几年，阿里巴巴扩展迅猛，招不到人手，甚至到了路上有只要愿意加入阿里巴巴的都要这种程度，但在那时，阿里巴巴还处于很艰难的创业期，员工来得快，走得也快，马云回忆起一件事：有一位年轻人，刚刚进入公司时马云对他说，希望他在最艰难的时候坚持下来，这个年轻人说他5年之内绝不会走。每当他快坚持不住的时候，马云就提醒他记得当时说的话。现在他坚持了下来，无论他的做事风格还是个人财富上，都已经非常成功了。

在最初就警告新进员工："你是吃苦来的"，能够给员工自身与企业的发展都带来很重要的好处，因为只有这样，员工才会放低自己的架子，踏踏实实地工作，努力地为企业做出自己的贡献。马云租用狭小的单元楼来办公，给员工的一个暗示就是："我们要让所有员工知道，他们来就是要把公司做大，把分公司的办公室从小单元房搬到当地最高级的写字楼。"[2]只有切切实实地把企业的发展当作自己的工作目标，一个员工才能体验到自己的力量，获得个人的成长。大部分员工在阿里巴巴都获得了十分重要的成长经历，因此，马云曾放豪言："在阿里巴巴工作3年就等于上了3年研究生，他将要带走的是脑袋而不

---

[1] 朱甫：《马云管理思想大全集》，海天出版社2011年版，第58页。
[2] 金错刀：《马云创业逻辑》，中信出版社2012年版，第17页。

是口袋。"①

　　这是马云对待员工的智慧,他既厚待员工,让他们拥有成为百万富翁的机会,但同时也薄待员工,让他们吃尽各种苦头。但是,无论如何,在打造阿里巴巴的员工团队时,他始终把员工放在第一位,他如同朋友一样关注员工的工作和生活是否快乐,也如同师长一样关注员工是否获得了有价值的成长机会,这是阿里巴巴拥有一支高效率、团结一致的团队的重要原因。

"我只是搅和水泥"

　　一个管理者最重要的是永远相信下面的人比你强,今天我的工作就是搅和水泥。我可能既不懂电脑,销售也不在行,但公司里有人懂就行了。我所要做的,就是把这些人粘在一起,让他们每个人都有发挥的空间。讲话吹牛他们吹不过我,但是他们活干得好,我就可以吹得更好,讲得更好!

　　马云只是企业的一个领导。他不是技术人员,也根本不懂技术,甚至连自己一手创办的淘宝网、支付宝都没用过;他也不是财务人员,他的数学曾让他头痛了多年,高考数学只考了 1 分;他现在也不做销售了,尽管在创办中国黄页时期,为了推销自己的产品,他甚至跑到大街上、菜市场与别人天南地北地神侃。那么,马云在公司里的角色到底是什么? 用他自己的话说,就是"搅和水泥"。

　　"搅和水泥"听起来似乎是一个不入流的"工作",建筑工地上最重要的似乎不是水泥,而是其他各种建材。但是,如果没有把这些砖头、瓷片凝聚起来的水泥,其他建材就只能是一堆堆散落四处的无用的东西。正是搅和水泥的

---

　　①　海华:《马云教典》,华中科技大学出版社 2009 年版,第 135 页。

作用，才能够使得各种不同类的建材——砖头、钢筋、玻璃等等得以组合在一起，最终成为一幢幢高楼大厦。因此，搅和水泥实际是最重要、最强大的工作，因为它能够把一切力量有机地组合在一起，最终形成更为强大的能量团。马云以"搅和水泥"的角色自居，实际是他对企业领导人的领导力的一种精辟的看法。

搅和水泥其实是马云的亲身体会，他很清楚领导的职责就在于通过自己的魅力把不同专业、不同领域甚至不同价值观的人团结在一起，共同为一个远大的目标而努力。如果没有这种团结人心的"软实力"，那么再多的"硬实力"也起不到什么作用：

"阿里巴巴能有今天的发展，不是我一个人的功劳。成长型企业成功的原则之一是打造明星团队，而不只是拥有明星领导人。一个企业里不可能全是孙悟空，也不能都是猪八戒，更不能都是沙僧。要是公司里的员工都像我这么能说，而且光说不干活，会非常可怕。"

正因为把自己定位为搅和水泥的角色，所以马云不仅很乐意当伯乐来寻求人才，而且他还要超越伯乐来"养人"。因为只有把人才留住，他这个"水泥"才能够真正起到作用：

"我们今天养了很多人，但是很多人在公司用的过程中枯竭掉了，他的身体被打垮掉了，精神被打垮掉了，技能被打垮掉了，没有达到'养'的境界。养不是说真的去养一大堆食客，而是在用的过程中把他养好。这个就是超越伯乐。"[1]

员工是企业的生命线，人才是企业的点睛之笔，搅和水泥其实也就是以一种坦荡而宽广的胸襟去包容员工，保留他们的个性，张扬他们的优势，培养他们的能力，联结他们的力量，从而使得企业自上而下共建阿里巴巴帝国成为可能。

---

① 金错刀：《马云创业逻辑》，中信出版社 2012 年版，第 171 页。

第十五章

融资：再穷也要挑肥拣瘦

在阿里巴巴，客户或是员工都可以是第一，但股东却不能是第一，它只能保持在第三的位置。这种排法虽然让一些投资方不满，但却是马云始终坚持的一点。在他看来，投资方虽然重要，但是即使再重要，他们也不能成为企业的引导者，不能成为躲在金钱背后的CEO，因为创业对马云来说是一种追求梦想的过程，也是一种创造独立价值和承担社会责任的过程，但不是为别人、为金钱而奋斗的过程。如果一个投资机构希望今天结婚明天就抱金娃娃，那永远不要接受他们的投资。马云说："真正的投资者像巴菲特，他关注你的公司做得对不对，人对不对，企业运营对不对，方向对不对。"这样一来，企业的客户和员工才应该是最为重要的因素。马云敢于、勇于颠覆一直以来备受中国市场接受的"股东第一"的逻辑，这是他清醒、独特的智慧所在。

要有拒绝投资的勇气

有些风险资本进来，他们考问我很多，你们现在怎么做，将来怎么做……等他们考问完我以后，轮到我考问他们：你们倒说说看，除了钱以外，你还能给我带来什么东西？他们如果说不出来，我就会把他们拒绝掉。[①]

马云曾经把融资比作婚姻，对他来说，结婚不是找一个人一起生活那么简单，他要找的是一个志同道合的人："所以最后的选择，我们是选择共同的志向，我们选择为自己生存而努力。一个自己都不会成长的人，不要相信他会帮别人成长，一个不承担责任的人，他没有收入，没有利润，就不会有增长预期。"[②]这是马云"择偶"的原则，他严格执行这些原则，甚至在没米下锅时仍然不放弃用这些原则来衡量投资方，只要不符合这些条件，那么再穷也要挑肥拣瘦。

在阿里巴巴发展初期，启动资金很快就用完了，虽然阿里巴巴正像一棵苗

---

① 朱甫：《马云管理思想大全集》，海天出版社 2011 年版，第 192 页。
② 阿里巴巴集团：《马云与员工内部对话》，红旗出版社 2013 年版，第 37 页。

壮的树苗一样充满了生命力,但是马云却没钱来给它买肥料,他甚至要借钱给员工发工资。那时,阿里巴巴名不见经传,因为它还没有怎么见过媒体,更不用说做专门的广告。美国商业杂志《商业周刊》却开始关注阿里巴巴,它有意无意地发了一条信息,说在阿里巴巴网站上能够买到 AK-47 步枪。这是一条负面的、污蔑的信息,因为马云找遍阿里巴巴所有讯息也没有找到传说中关于 AK-47 步枪的东西。但是,本以为这样一条"国际性"的信息会让阿里巴巴顿时陷入舆论困境,没想到,它带来的反而是国内外大量媒体对阿里巴巴的热烈关注和讨论。阿里巴巴和马云凭借这个不是广告的"广告",一下子成为媒体的红人。

关于阿里巴巴的报道引来了许多投资方的关注。此时阿里巴巴已经没米下锅了,急需一笔资金来维持周转。但是,马云却没有因为眼前的困境而放低自己"择偶"的标准。

"我现在还记得很清楚,第一家来找我的投资者,是家国有企业,他跟我说:你们要风险投资,我们给你 100 万,明年你给我 120 万怎么样?我跟他说,我给你 100 万,你明年给我 120 万怎么样?那时国有企业对风险投资的意识还没有建立起来。"①

诸如此类的投资商很多,他们中的很大一部分都是机会主义者,以为投资就是给企业钱,然后迅速获得更多的回报;或者是那种视野狭隘的"土豪",希望通过投资阿里巴巴直接成为阿里巴巴的掌控人。而马云的标准是:投资方除了钱之外,还必须有其他一些能够打动他的东西,他需要的并不只是投资。

"我们需要的不是风险投资,不是赌徒,而是策略投资者,他们应该是对我有长远的信心,20 年、30 年都不会卖的。两三年后就想套现获利的,那是投机者,我是不敢拿这种钱的。"②

有奶的并不一定就是娘,越是需要钱的时候,就越是要保持拒绝投资的勇

①②　朱甫:《马云管理思想大全集》,海天出版社 2011 年版,第 192 页。

气,这是马云一贯的风格。在接受第一家投资之前,他总共拒绝了38家风投,这是很多公司在困境中难以坚持的。他看到,大多数风投机构都可以归结为两类,一类是管得太严格,"天天看着你,你动一步他就要管管你,很没劲,他自己来做算了,还要我这个CEO干吗？"另一种是"放羊"的态度,根本不管你,只等着赚钱,他们"投了十几个、二十几个项目,总共人才没几个,他根本就不关心你"[1]。

经过多重的筛选和长时间的忍耐,马云接受的第一笔投资来自于高盛集团。高盛集团成立于1869年,是世界上历史最悠久、规模最大的投资机构,它对马云的要求很高,但马云反而很希望接受高盛的投资,因为高盛跟其他投资机构不一样。除了钱之外,它还有在市场上呼风唤雨的号召力,并且能够使阿里巴巴在国际资本层面上实现惊人一跳。马云主动迎合并得到了高盛集团的投资,这是他饿着等了很长时间才得来的回报,是他的坚持所带来的结果。

让投资者跟着企业走

投资者可以炒我们,我们当然也可以换投资者,这个世界上投资者多得很。关于这个问题,我希望给中国所有的创业者一个声音：投资者是跟着优秀的企业家走的,企业家不能跟着投资者走。[2]

在阿里巴巴的创业过程中,马云似乎从来都没有把钱放在眼里。即使他"穷"得没米下锅,要借钱来发工资,也从不轻易向钱低头。这是他一贯的风

---

① 海华:《马云教典》,华中科技大学出版社2009年版,第85页。
② 朱甫:《马云管理思想大全集》,海天出版社2011年版,第12页。

格。小时候,马云经常和小朋友打架,他个子小,但从来不怕输,打起架来那种蛮劲和死也不服输的性格让很多比他高大的小孩都不敢轻易挑衅他。在后来的创业过程中,他仍然保持着这种不肯轻易低头的"蛮劲"和骨气。他坚持认为,投资者应该跟着优秀的企业家走,任何时候都不能向钱低头,否则你就不是在创业:

"企业家不能被钱引着走,企业家是被责任、团队带着走,钱是围绕优秀的企业家走,真正的创业者在创业之前,首要想到的是我为这个梦想简直要疯狂,而不会想到钱,钱是在所有因素具备以后的最后因素。"①

虽然关于客户第一还是用户第一,马云有不同的解释,但是他却"毫不客气"也"毫不模糊"地把股东排在第三位,这是很多企业家都不敢做的事情,也是令很多投资方惊愕的事情。高盛集团的某领导在听到马云说"股东第三"时,甚至还半开玩笑半认真跟他说,如果当时知道马云这样想,就不会投资阿里巴巴了。

马云这种"反客为主"和"反主为客"的做法,实质是在暗示着他心里关于投资的真正看法:投资者必须跟着企业走,因为无论多大的投资也不能影响企业,企业本身才是主干,企业不能跟着投资方的意见走,否则,企业的成长就不是健康的、自主的成长。盲目跟随投资方,一个严重的后果是,股权陷入混乱之中,企业变成了投资方的赚钱机器,是为别人、为钱而成长,而不是为自己、为梦想而成长。这样的企业,其实已经不能被称为一家有独立的价值观念的企业,也不是一家能够承担社会责任和社会使命的企业。

"阿里巴巴每一次融资永远贯彻一个原则,只要对阿里巴巴发展有利我们就做,而不是要增加谁的投资占有率,只要对阿里巴巴未来发展有用的都可以参加。"②无论是客户第一还是员工第一,这两者都是阿里巴巴最大的"股东",

---

① 朱甫:《马云管理思想大全集》,海天出版社 2011 年版,第 12 页。
② 朱甫:《马云管理思想大全集》,海天出版社 2011 年版,第 189 页。

因为只有他们才是阿里巴巴应当真正依赖和坚持的。2006年，马云把阿里巴巴拆分为5家公司，而且每一家公司都成立独立的董事会。马云这样做的一个重要原因就是，希望通过董事会来摆脱集团某一天被某家投资方控制的风险。

不可回避的一个问题是，马云曾经一度陷入股权危机中。2005年，马云接受了雅虎一笔10亿美元的投资，阿里巴巴的股权被后者占有40%。借助这10亿美元，马云做了很多事情：孵化了淘宝，推出了支付宝，并顺利度过2008年的金融危机。但是雅虎占股比重太大的问题却一度困扰着马云，为了避免对企业的控制出现问题，马云开始考虑退股，与雅虎周旋几个回合后没有成功。2011年6月，据雅虎透露，马云私自把支付宝从阿里巴巴集团转移到马云自己投股的新公司中去。这是一招削弱雅虎在阿里巴巴的利益的"损招"，但面对马云的"无赖"，雅虎也无可奈何。2014年，马云再次出招，公布了合伙人制度，通过阿里巴巴的合伙人手中的股权来保证对阿里巴巴的实质控股。马云的这些措施背后，其实始终只为了一个目的：不让企业跟着投资方走，必须保持企业原定的企业文化和大战略。

但是，股东排第三并不意味着马云忽略了他们的利益。马云说："8年来，我问过所有的投资者，哪个季度让他们失望过？哪个季度我没说到做到？我们每年做的都比说的好。"[1]企业家的责任是把企业做好，只有做好了企业，股东才能够获得他们的利益，这是一种因果关系。那种认为只有服务好股东，企业才有前途的想法，恰好是因果颠倒了，而这种想法却是大多数企业家的"正常想法"。马云"名正言顺"地颠倒了这种关系。因此，许多人把马云的让投资者跟企业走、股东第三等想法视为一种"创新"或"逆向"思维，实际并非如此。马云做的只是类似于《皇帝的新装》里面那个孩子所做的事情：勇敢地把真相说出来、做出来。

---

① 朱甫：《马云管理思想大全集》，海天出版社2011年版，第196页。

"太多钱是坏事"

一般人总会认为，经营一家公司，资本愈雄厚愈好，但我认为，很多失败的公司就是因为太有钱，所以才更容易犯错。[①]

据马云总结，阿里巴巴能够走到今天，有一个很重要的原因是没有钱：因为没有钱，他们花每一分钱都十分慎重；即便是有了风投的大笔资金，他们还是格外谨慎，因为花别人的钱更加痛苦，更要把事情做好。1999 年，马云与孙正义第一次见面。孙正义是投资界的精英，与他见面的商业人士基本上都会抱着一个目的：吸引孙正义投资自己的项目。但是，唯独马云没有这样想。他刚获得以高盛为首的投资机构的 500 万美元的投资，而且在见孙正义之前就已到账了。所以他并不是抱着要钱的目的去见孙正义。但是在见面会上，马云仅用六分钟就令孙正义决定投资阿里巴巴。马云惊异了一下，说他不需要钱。这次又轮到孙正义惊异了：不要钱来找我干什么？

或许正是这么戏剧性的谈话以及对对方干脆利索的办事风格有好感，"不差钱"的马云当下决定接受孙正义的投资。20 多天后，双方进行正式谈判，最后达成资金总额为 3000 万美元的投资。但是在即将签协议的时候，马云却变卦了。他不是觉得钱少，而是觉得钱太多了：

"回来以后我想想还是不对，我给孙正义写了一封信，我说对不起，3000 万美金我不要了，2000 万美金我可以接受，如果不行我们就这样结束了。"[②]

---

① 朱甫：《马云管理思想大全集》，海天出版社 2011 年版，第 188 页。
② 魏昕、石海娥：《马云帝国内幕》，新世界出版社 2013 年版，第 114 页。

倒立的管理策略：大巧无工，大智若愚

这已经是这次谈判中，马云对孙正义说的第四次"NO"了，并且，他还要求孙正义要亲自参与阿里巴巴项目。几分钟后，马云收到了孙正义的回复："谢谢您给了我一个商业机会，我们一定会使阿里巴巴名扬世界，变成像雅虎一样的网站。"①

在接受投资时，钱太多是坏事，这是一种非常清醒的看法。有时候，有钱很重要，但没钱也很重要。对于马云来说，没钱就意味着手头上每一块每一分钱都必须花得非常谨慎，对每个涉及钱的问题都必须有清醒而准确的判断。"阿里巴巴永远坚持一个原则，我们花的是投资人的钱，所以要特别小心。如果今天花的是自己的钱，可以大手大脚。"②投资人的钱意味着有一份责任与使命，每花一笔就必须承担起这笔钱应有的责任，否则钱花掉了，自己应履行的责任却没做到。

其实，不仅是投资方面，在创业阶段，没钱也是一件好事。马云回忆自己当时创办中国黄页时说："我创中国黄页时，只有借来的2万元，所以花每一分钱都必须非常小心，小气没什么不好，公司的钱就是要很小气，一点一点地去花才对。"③没钱的时候才知柴米油盐贵，才真正懂得什么叫生活，什么叫创业。马云经常劝告正在创业的年轻人，创业时期必须"自找苦吃"，只要处理得好，资金短缺是一个非常重要的成长阶段。没有经历过这种阶段的人，就像一朵长在温室里的花或一个娇生惯养的孩子，经不起风雨的折磨；经历过没钱用的日子，才会知道钱的价值与意义。

其实，这也正是马云的一种智慧：钱太多就会贬值，人们就不会懂得钱的重要，花出去的钱买不回来缺少这笔钱时所体验到的的磨难与艰辛；缺钱，反而能够获得最为珍贵的生存经验。正因如此，在创业生涯里，无论是有钱还是没钱，我们都必须谨慎对待每一笔钱。

---

① 魏昕、石海娥：《马云帝国内幕》，新世界出版社2013年版，第114页。
②③ 朱甫：《马云管理思想大全集》，海天出版社2011年版，第193页。

上市不是目的

我们不需要钱,如果真的需要钱做资金储备,摆在我们面前的有两条路,要么上市融资,要么私募。对现有的阿里巴巴来讲,在不需要钱的情况下,私募比上市要好,因为完整上市是一个自然的过程,这个不要成为我们的一个目标,更不要成为我们一个结果,否则就乱套了,为了上市而上市。①

很多人都在关心阿里巴巴上市的问题,特别是在 2004 年,国内互联网公司掀起了一股上市热潮。但是马云的做事风格就是,越多人想去做的事情他就越不会做。他有很多理论来证明阿里巴巴还不需要上市,虽然上市的按钮已经在马云手中了:

"大家都觉得不上市是很丢脸的事,我还真没这方面的打算。第一,我们不缺资金,我和股东也不想套现。第二,不上市对竞争可能更有好处,我们不想暴露在对手眼皮下。在 5 周年庆的时候,我提出阿里巴巴要做一个 102 年的公司,现在才经历了 5 年,阿里巴巴还太年轻。我现在找不到上市的理由,公司目前盈利状况很好,财务也很透明,海外分部发展也已进入轨道。我都不知道上市了、再融资后去买谁?"②

在这种种不上市的理由中,有一个理由是马云始终强调的:阿里巴巴太年轻了,上市就像让一个年轻人一夜暴富,对于企业的长期发展未必是好事。

"我们的公司创办才 5 年,员工都还年轻,平均年龄才 26 岁,要走的路还

---

① 华胜:《马云传奇》,中国经济出版社 2009 年版,第 265 页。
② 华胜:《马云传奇》,中国经济出版社 2009 年版,第 266 页。

很长。我们要造就一家具有百年生命力的公司，现在就匆匆忙忙地上市，长远来看对公司并不好，这些才二十几岁的年青人如果一下子都成为富翁，有可能会产生惰性，不再创新求异，故步自封。当我们的员工做好了成为上市公司员工的心理准备，能够接受出现在全世界的聚光灯下迎接挑战，并清晰自己为什么要上市的时候，我们才考虑上市。"[1]

不要为了上市而上市、不要为了融资而融资，始终是马云的原则。钱不是最重要的东西。企业的前途和自己的梦想才是最重要的东西。马云相信，上市对阿里巴巴来说只是一个跳板，一个擂台，如果把上市当作目的，正如把上擂台当作目的一样，千辛万苦走了上去，却被别人一拳就打了下来，还那不如先在台下磨好刀枪、练好招数才上去。因此，在上市之前厘清公司的各种利益关系和结构远比盲目上市重要。

2007年11月6日，阿里巴巴的 B2B 公司在香港交易所成功挂牌上市。这个时机是马云反复衡量过的，其时政府放宽大陆对港股的投资渠道，大量大陆资本进入香港股票市场。阿里巴巴作为一个在国内外都拥有高知名度的企业，自然能够获得最大的关注。因此，在上市当天，阿里巴巴即以将近260亿美元的身价跃居中国第一互联网公司，创下多项纪录，成为当时中国互联网公司市值最高的企业，上市当天，阿里巴巴获得的集资额高达17亿美元，创下全球互联网公司融资规模之最。

在这样辉煌的成绩面前，最清醒的仍然是马云，他深知上市所获得的一切不是结果，只是起点："全球的投资者对我们寄予厚望。所有的这一切绝对不是一个时代的结束，而是一个新的征途的开始。我们今天拿到的不是钱和资源，我们今天拿到的是几十万投资者的信任和上千万客户的期待！……阿里人，我们前面还有94年要走。今天所创造的所有纪录会被我们自己在明天打

---

① 华胜：《马云传奇》，中国经济出版社2009年版，第267页。

破！中国电子商务的路很长很长，从今天起，我们才真正开始在路上……"①

　　既然上市不是目的，那么退市也就不难理解了。这种逻辑就发生在阿里巴巴身上。2012 年，阿里巴巴 B2B 业务决定退市。马云的说法是，2012 年是阿里巴巴"修'生'养性"之年，退市是为了让阿里巴巴前进的步伐慢下来，从而为内部调整提供空间和时间。值得一提的是，2007 年 B2B 业务上市时，股份发行价为 13.5 元，五年后退市时，价格还是 13.5 元，五年中阿里巴巴基本没有分红。这相当于广大的股民、特别占比较大的香港股民为阿里巴巴免息提供了一笔近 200 亿港元的贷款。不论是不是马云有意而为之，但也说明了，上市对他来说的确不是目的，虽然自己"有意无意"地从中获得了不菲的利益。2014 年，阿里巴巴集团在美国上市的消息轰动一时。这次马云又将如何演绎他的"上市不是目的"论呢？

---

　　①　华胜：《马云传奇》，中国经济出版社 2009 年版，第 270 页。

第十六章
"寒冬"战略

　　经济危机是每一个企业在成长过程必经的道路，它甚至是对企业重新"洗牌"的自然力量。生存能力强的企业能够存活下来，生存能力差的企业必被淘汰。在面对这种自然的"洗牌"机制时，只有制定科学合理的战略才能够赢得生存的机会。阿里巴巴成立初期，也像绝大多数企业一样，是一个毫无应对危机能力的企业。但是正如动物趋利避害的本能一样，面对危机，企业也会有一种与生俱来的生存本能，把握好这种本能，激发它的潜力，临危不乱，坚信自己的判断，在危机中越挫越勇，这是马云应对"寒冬"的战略。

在"寒冬"来临前"痛下杀手"

这些人离开公司,心里很难过。他们愿意留在公司,现在因为我的决策失误,他们要离开,这不是我想做的事。①

当人类进入新千年的时候,在互联网行业,迎接人们的不是充满希望的春天,而是萧条与绝望的寒冬。2000 年,美国股市出现几次大暴跌;2001 年 3 月 20 日,纳斯达克指数从 5000 点跌落到 1700 点,造成了股市的第一次崩盘;紧接而来的美国 9·11 事件使美国经济雪上加霜,导致股市第二次崩盘。在如此萧条的形势下,互联网行业进入了寒冬,几年前如雨后春笋般成立的大大小小的互联网公司一对寒风,立刻如枯枝上的落叶,纷纷倒下。

在寒冬来临的几个月前,"嗅觉"灵敏的马云已经隐隐感觉到不妙。2000 年夏末,当他听到有人说中国 1 个星期就诞生了 1000 多家互联网公司时,立刻感觉道到互联网产业出了问题:"中国不可能 1 个礼拜有 1000 家互联网公司诞生,如果这样的话,可能 1 个礼拜就有 1000 家互联网公司倒闭。"

---

① 魏昕、石海娥:《马云帝国内幕》,新世界出版社 2013 年版,第 129 页。

但是,"不凑热闹"的马云虽然对寒冷的来临已经有一种预感,然而他却很不幸地为自己的过冬"雪上加霜"。2000年年初,阿里巴巴获得来自高盛集团的第一笔500万美元的投资,马云意气风发,在很短时间内设置了大量海外办事机构,并花重金聘请海外人才。他盲目听从了一个美国MBA的建议,聘请贸易人才"空降"到美国硅谷上班。但很快,马云意识到了自己的错误,此时寒冬已逼近门前,他不得不做出一个决定:大裁员。

阿里巴巴聘请来的员工、特别是那些高级别员工,都是马云、蔡崇信或吴炯等几个高管出马请来的,大部分上班还没有半年,有的甚至还未就职一个月,因此说到要把他们裁掉,马云等人下不了手。此时,刚加入阿里巴巴高层的关明生主动承担起这个重任,他凭借自己跟"谁都不熟"的优势,在阿里巴巴里"痛下杀手",在美国把阿里巴巴的整个办事机构几乎都"灭杀"了,然后再"杀"到香港,基本上解雇了所有香港员工;紧接着,关明生对阿里巴巴的昆明办事处、上海办事处、北京办事处进行了大调整。裁员后的阿里巴巴几乎只剩下一根光秃秃的树干,不再枝繁叶茂,但这样一来,也就没有了那些多余的东西来与树干争抢"营养"了。

马云在行动上虽然"痛下杀手",但在感情上他对这次大裁员感到非常痛苦,因为一直宣扬自己要为社会创造就业机会的他却一下子辞掉了这么多员工,让他们丢掉饭碗,这是一个令他很难堪的事情。他甚至在怀疑自己已经变成了一个说话不算数的坏人。但是,痛苦之后是深刻的反思:

"冬天的时候,我们当时犯了很大的错误。一有钱,我们就请高管,就请洋人,请世界500强的副总裁。可最关键的时刻又要做决定请他们离开。我们清掉了很多高管,这是最大的痛苦。就像一个波音747的引擎装在拖拉机上面,结果拖拉机没飞起来,反而四分五裂。"[1]

值得庆幸的是,由于调整及时,阿里巴巴没有被飞机的引擎弄得四分五

---

① 华胜:《马云传奇》,中国经济出版社2009年版,第149页。

裂,飞机引擎一旦被拆除,这架"拖拉机"就开始慢慢进入自己的节奏之中了。"虽然人少了,但我们的成本控制住了。现在公司的成本处于一个稳定的阶段,几乎每个月都可以做到低于预算15％左右,控制成本其实没有什么秘诀,就是做到花每一分钱都很小心。我们公关部门,公关预算几乎为零,请别人吃饭是自己掏钱。我自己应该是网络公司里最寒酸的CEO了,出差住酒店只住三星级的。我们不是用钱去做事,而是用脑子去做事。"[1]

大裁员使得马云有足够的空间应付互联网的寒冬。2001年冬天也是互联网的冬天,马云向孙正义汇报公司的情况。当时由于互联网不景气,不仅前来向孙正义汇报工作的其他公司CEO愁眉苦脸,连孙正义也在愁眉苦脸,因为大寒流让他的资产缩水了95％。马云跟他说自己仍然在追求梦想,而且现在离梦想更进一步了。孙正义深为感叹,对他说:"今天前来汇报的CEO,所说的话都与我当年投资他们时说的不一样了,只有你还在说当年说过的话。"[2]

冬天更要"接地气"

在互联网最艰难的时候,阿里巴巴回到中国,把总部从上海撤回了杭州,实实在在地做事,放弃国内其他的市场,非常非常艰难……[3]

在新千年互联网第一次寒潮来临的前一年,马云召开了一个著名的会议——"遵义会议"。2000年9月10日,由马云组织的第一届中国互联网高峰

---

① 华胜:《马云传奇》,中国经济出版社2009年版,第150页。
② 华胜:《马云传奇》,中国经济出版社2009年版,第151页。
③ 华胜:《马云传奇》,中国经济出版社2009年版,第146页。

论坛"西湖论剑"刚结束,在会议上谈笑风生、言谈自若的马云一回到公司,表情就开始严肃起来。第二天,他宣布阿里巴巴开始进入 6 个月的紧急状态,那时大多数人对即将来临的寒冬还没有感觉,马云如此严峻的表情和决定让不少人暗暗心惊。

2000 年 10 月 1 日,正当人们在庆祝祖国在新世纪的第一个生日时,阿里巴巴高层却挤在一个会议室里面商讨着"革命"的新战略。这次"革命"是对阿里巴巴的革命,在寒冬来临之前,只有进行一次凤凰涅槃般的革命,阿里巴巴才能够在寒冬里浴火重生。此次会议一共进行了三天,其中最大的一个决定是三个 B2C 计划:Back to China, Back to Coast, Back to Center(回到中国,回到沿海,回到中心)。Back to China 和 Back to Coast 具体指上述阿里巴巴的大裁员和撤销海外办事机构等大行动,这两个战略使阿里巴巴的战略方向转移到中国大陆,以大陆为主体展开公司运营,重心业务放在我国沿海 6 个城市。Back to Center 则指阿里巴巴要将总部设在马云的家乡杭州。这三个政策对于阿里巴巴的顺利过冬都具有非常重大的作用,也正因如此,这次会议被称为阿里巴巴的"遵义会议"。当年的遵义会议改变了红军的前进策略,从而挽救了红军;而现在,马云的"遵义会议"也同样起到挽救阿里巴巴的重大作用。

"我们是全球的眼光当地制胜,我们的拳头打到海外这个位置,再打下去已经没有力量了,迅速回来;回来后在当地制胜,形成文化,形成自己的势力再打出去。如果不在中国制胜的话,我们会漂在海外。我们要防止的对手是在全球,而非中国内地。在中国,互联网真正要赚大钱还要有两三年的时间,这两三年内挣的钱只能让你活得好一点,但活得很舒服、很富有不可能。现在我们不可以在中国内地以外地方养一支 300 到 500 人的队伍,成本太高了,收入与支出不成正比,在香港、在台湾都不行,只有在中国内地才行,而且可以不断地发展壮大起来。"①

在当时,互联网是一个很具国际化色彩的行业,因为互联网是国外科技所发明的东西,将其引进国内,如果与国际环境相脱离,毕竟会给人一种"舶来品"的感觉,将总部设在国外或者国内一些金融较为国际化的城市——如香港、上海和北京等——是最为流行的做法。杭州在当时还是一个小城市。但是,马云将阿里巴巴总部设在杭州,却是一个非常好的做法,因为小城市能够让人消除浮躁,静心做事,马云在成立阿里巴巴的时候就已经意识到这个问题:

"1999年年初,我决定建立阿里巴巴公司,当时,我发现网络在北京炒得非常厉害,有些浮躁之气,而我感觉做事情更重要的不是造势,造势可能要去北京。……(把公司中国区总部放回杭州)这让我们躲过很多灾难,如果放在北京就惨了,我会被媒体大卸八块。我也会变得很浮躁,人家跳舞我也跟着跳舞,别人悲哀我也悲哀。当时全世界都这样,北京、美国和欧洲国家都一样。北京是一个很浮躁的地方,不适合做事。"②

把总部设在杭州是一种很"接地气"的做法。一方面,它避免了马云所说的浮躁,让阿里能够踏踏实实地工作;另一方面,浙江是全国民营最为发达的省份,作为省会城市的杭州自然集中了最多的中小企业资源。阿里巴巴 B2B 平台以中小企业作为自己的主要合作对象,因此,把总部设在杭州符合马云所说的"电子商务企业要离中小企业最近"的想法。更重要的是,在互联网寒冬来临时,把总部设在杭州以及其他两个 B2C 计划,能够让阿里巴巴最大限度地节省自己的开支。

此次公司调整总共经历了四个多月,直到 2001 年年初才结束。之后的阿里巴巴再次面对寒冬时,已经不再是一只站在雪地上手足无措的小鸟,而是一只躲在自己的暖洞里面、守在自己积累起来的粮食旁边的老鼠,精明而"狡猾",在别人纷纷冻死饿死的时候,它有足够的资源,耐心地等待春天的到来。

①② 华胜:《马云传奇》,中国经济出版社 2009 年版,第 146 页。

守住自己的模式

就像是一个成功的婚姻,第一天对对方说"I love you",到了60岁时,还是这句话。什么样的模式并不是最重要的,关键是不断证明、推广、完善它。关键是相信自己的模式,守住自己的模式。[①]

自从阿里巴巴诞生以来,关于其模式的种种讨论一直持续到现在。马云坦言他并不知道什么是阿里巴巴的模式,但是他却很清楚,无论在哪种情况下必须守住自己的模式:"在那么多模式出来的时候,我们告诉自己,面前有十几只兔子,就盯着一只兔子不放,它逃到哪里,你跟到哪里,直到把它抓住为止。"[②]

这个"兔子"或所谓的模式其实就是电子商务,这是阿里巴巴唯一的模式。在任何时候,马云都知道自己应该做什么,即使在寒冬时节,在国内许许多多互联网企业"灵活"地改道其他方向发展的时候,马云仍然坚持抓他的小兔子。

在2001年互联网行业萧条的时候,马云说:"现在互联网企业形势萧条,99%的互联网企业都拿不到风险投资,好多互联网企业的职员也都人心思变,大家都在怀疑、猜测。但是,我们很自豪,阿里巴巴仍是.com公司,我们以前是,今天是,以后还将是。我们曾提过,阿里巴巴不是.com,是指我们不能走泡沫的.com之路,必须实实在在,必须创建一个新的.com,这是我们要追求的东西。所以我们的vision说阿里巴巴要做世界十大网站,而不是世界十大电子

---

① 华胜:《马云传奇》,中国经济出版社2009年版,第152页。
② 魏昕、石海娥:《马云帝国内幕》,新世界出版社2013年版,第116页。

商务服务公司。我们坚信在未来可以达到这个目标,而我们也会为.com骄傲。"①

寒冬时节,守住自己的模式至关重要。无论企业有没有模式,只要它是你的梦想与志向,只要它符合市场与时代的发展,那么,它始终都是你在与别人竞争时的节奏与秩序。寒冬时节,每个人都必须提高警惕性来留意市场上每一丝温度的变化,每个细节都有可能让公司在瞬间"遇难"。坚持自己的模式,至少是坚持自己的阵法,以免自乱阵脚,不战自败。坚持原来的模式,也就是坚持原来的前进方向。

"我们第一天focus(集中)在B2B,今天还是如此。不管外面潮流怎么变,我们学习,但是不跟随、不拷贝。后来各种概念很多,阿里巴巴也面临很大的压力,也有很多其他的机会,在这1年半内我们面对机会斩钉截铁地说了无数的"NO"。我们朝着既定的方向往前走,不管外面千变万化,还是不受干扰,走自己的路,用心去做。"②

坚持自己的模式并不是固执己见,执迷不悟。在新千年互联网的寒冬中,阿里巴巴其实做了许多重大的结构或战略性转变,最明显的就是从国际化道路转为专注于开拓国内市场的道路。这种重大的战略方向对很多企业来说就已经是一种模式,但是,对马云来说,它并非模式,因为它并不涉及阿里巴巴的内在生命线。如果把企业的模式理解为某种具体的生存方式,那么阿里巴巴的模式的确很模糊,因为它是B2B,同时又是C2C,并且还在不断开拓其他方面的业务。但是,如果把企业的模式理解为企业本身的生命力所在,那么,阿里巴巴的模式自它诞生那天起就已经再清楚无误了:电子商务。

在21世纪最初那几年,短信业务和网络游戏最为火热,一批又一批互联网公司都放弃了原来的"兔子"转行来抓这两只"大兔子",但是马云不为所动。

---

① 魏昕、石海娥:《马云帝国内幕》,新世界出版社2013年版,第203页。
② 华胜:《马云传奇》,中国经济出版社2009年版,第152页。

在接下来几年，国内房地产兴起，不少人通过投资房地产而瞬间致富，但是马云也不为所动。在互联网最为萧条的那几年，马云仍然坚持抓自己的兔子，"目不斜视"。到现在，那些不断地转换目标的企业已经纷纷倒闭，不复存在，兔子没抓着，反惹一身骚；而马云所追赶的那只兔子却引导着阿里巴巴平安地穿过了无数的风雨，一步步地接近那座藏着惊人财富的宝藏。

太极拳里面有一招非常重要：气沉丹田。它指在练拳的时候，要稳住先天之气，保持底盘的稳定，这样才能够达到以柔化刚、以柔用刚的境界。实际上，坚持自己的模式也就是气沉丹田的道理，无论外界环境怎么变，自己稳住了先天之气，保持底盘的稳定，那么你将会始终比别人跑得稳定、跑得快。

"我们准备过冬吧！"

我们对全球经济的基本判断是经济将会出现较大的问题，未来几年经济有可能进入非常困难的时期。我的看法是，整个经济形势不容乐观，接下来的冬天会比大家想象得更长、更寒冷、更复杂！我们准备过冬吧！[①]

这是 2008 年 7 月底马云在"大热天"里给阿里巴巴全体员工发的一封信《冬天的使命》，在那个时候，国内已经有些金融危机来临的征兆了：在珠三角、长三角一带，倒闭的民营企业越来越多。2008 年上半年，全国有 6.7 万家规模以上的中小企业倒闭。但是，正如人们不相信大热天会出现降雪一样，也没有多少人相信国内经济会出现严重的危机。特别是中国 IT 行业，基本上都还陶醉在夏天的安静与热烈之中。但是，马云非常坚持自己的判断，在《冬天的使

---

① 魏昕、石海娥：《马云帝国内幕》，新世界出版社 2013 年版，第 273 页。

命》这封信里，马云振振有词，字字带声，似乎寒冬已在这个夏季里来到了门前：

"冬天并不可怕！可怕的是我们没有准备！可怕的是我们不知道它有多长，多寒冷！机会面前人人平等，而灾难面前更是人人平等！谁的准备越充分，谁就越有机会生存下去。强烈的生存欲望和对未来的信心，加上充分的思想和物质准备是过冬的重要保障。"①

实际上，马云早在2007年就在"大热天"喊冬天来了。2007年11月，阿里巴巴B2B业务在香港上市，据说就是马云为准备过冬而积粮储草；到了2008年，马云的呼声更大了，而且还得到了不少的"拥趸"——在8月的"亚太中小企业峰会"上，孙正义、史玉柱等嘉宾对马云的"预警"表示赞同。

马云并不仅仅只是在口头上喊喊"冬天来了"，而且还付诸了行动。在阿里巴巴所有高管的异议与反对下，马云执行了一项名为"狂风行动"的部署，大幅度让利给自己的中小企业客户，他的想法是：

"凭今天阿里巴巴的实力，也许我们自己不会倒下，但是今天的我们肩负着比以往更大的责任，我们不仅仅要让自己不倒下，我们还有责任保护我们的客户——全世界相信并依赖阿里巴巴服务的数千万的中小企业不能倒下！在今天的经济形势下，很多企业的生存将面临极大的挑战，帮助他们渡过难关是我们的使命——是'让天下没有难做的生意'在今天最完美的诠释！我们要牢牢记住：如果我们的客户都倒下了，我们同样见不到下一个春天的太阳！"②

2008年8月，全球新一轮的金融危机开始席卷美国，美国不少巨头企业在这次寒冬中不堪一击。9月15日，在美国，世界两大顶级投资银行雷曼兄弟和美林几乎同时倒下；在欧洲市场，此次金融危机也丝毫不省心：在伦敦

---

① 魏昕、石海娥：《马云帝国内幕》，新世界出版社2013年版，第273页。
② 魏昕、石海娥：《马云帝国内幕》，新世界出版社2013年版，第274页。

和巴黎，股市跌幅接近4％，而俄罗斯MICEX指数也暴跌6.2％。美联储主席格林斯潘称此次为"百年不遇的金融危机"。虽然中国市场在这场金融危机中没有遭受太多灾难，但是全国各地的中小企业倒闭无数，一时也哀鸿遍野。

但是，在马云的过冬理论的实践下，阿里巴巴对此次寒冬早已有所准备，在寒冬中阿里巴巴大幅让利给中小企业，不仅挽救了无数的客户，而且也使自己获得了更为丰厚的收益。并且由于从2007年年底开始，阿里巴巴向金牌供应商免费赠送诚信通服务，阿里里巴进一步巩固了自己的行业地位，在寒冬肆虐之时不仅安全保住了生命，而且引领着同行的企业奋勇前进。

这次阿里巴巴能够成功防御全球最为严重的一次金融危机，马云的危机意识功不可没，而这种危机意识除了来自马云作为商人的一种敏锐直觉之外，还来自他于2008年年初所实行的"深挖洞，广积粮，做好做强不做大"的正确策略。居安思危，是生活在竞争环境中应有的一种本能与习惯。物盛必衰、月满则亏，这种辩证的思维是每一个创业者都应拥有的基本能力。

第五篇

C5

"倒立"的企业文化：

六脉神剑,剑走偏锋

文化是一种无形的东西,但正因为无形,它可以有诸多不同的形象。它可以是书呆子眼里毫无生气、除了用来应付考试之外毫无实际用处的知识,也可以是某些知识分子用以谋求功名利禄的工具,也可以是俊彦贤士修身治国平天下的利器,还可以是哲人先贤借以探索天地宇宙奥秘的人类精神结晶。对于马云来说,文化是他无形的力量,也是阿里巴巴内在的生命力,它如同马云手中的"六脉神剑",既能够制敌于无形,也能够帮助自己"强身健体",既是阿里巴巴谋求自身的强大和优势的利器,也是帮助阿里巴巴寻找生存之道的精神"指南针"。如果说,不少企业家都已经意识到企业文化对于企业的重要性,那么,马云与大部分人不同的是,他手执文化这把"六脉神剑",却次次剑走偏锋,走非常规之道。

第十七章
最值钱的东西不是钱

关于阿里巴巴或者马云，我们总是可以通过一种倒立的思想来进行对他们的解读，只有这种解读才似乎真正把握到阿里巴巴成长的关键所在。因为，阿里巴巴本身就是以一种倒立的方式成长起来的。对于一般的商人，特别是白手起家的创业者来说，务实应当是第一工作作风，因为只有与实实在在的东西打交道，才能获得实实在在的东西；而虚的东西最好少碰，理论太多、道理太长，往往会误事。但是，这种经验之谈对马云来说似乎无效。他总喜欢讨论一些很虚的东西，如太极、武侠小说，一会道家，一会佛家，这些都是很"虚"的东西，因为它们引不来生产力，也带不来经济效益。但是在马云看来，这些"不值钱"的东西恰恰最值钱，因为他是"倒"着看它们的：虚的东西一旦转为实，那将会成就非凡的事业。

修炼企业价值观

有一样东西是不能讨价还价的，就是企业文化、使命感和价值观。[①]

虽然阿里巴巴在创建初期并没有明确提出企业的价值观，但是，当时团队在一起工作时已经形成了一种非常重要的观念：直言。这是阿里巴巴文化观的雏形。在湖畔花园时期，团队成员经常为一些问题展开争论，大家吵得面红耳赤，互不相让，有些时候还特别情绪化。为了解决这种局面，马云订了一条规矩，他说：

"湖畔花园那段时间，我们争论的东西太多了。有的时候争论过了头，个人情绪化的问题都爆发了出来。所以我们提出了一个价值观叫：简易。要非常简单。我对你有意见，我就应该找你，找到门口，谈两个小时，要么打一场，要么闹一场，我们俩把问题解决掉。如果你对我有意见，你不来找我，而是去找第三方的话，你就应该退出这个团队。"[②]

---

① 海华：《马云教典》，华中科技大学出版社 2009 年版，第 105 页。
② 海华：《马云教典》，华中科技大学出版社 2009 年版，第 104 页。

这条规矩是阿里巴巴最初的价值观，它很有效地团结了团队成员，为彼此争吵的情况设置了底线，从而最大程度上化解了成员之间的矛盾。马云曾回忆说，他曾经与孙彤宇吵架，一个多星期时间孙彤宇见到马云都面无表情；马云与李琪吵架，李琪也会七八天不理马云。但是，即使如此，他们之间还是没有任何个人矛盾，靠的就是这条当面直言、当场解决的原则。直到现在，这条原则都是阿里巴巴最重要的原则之一。

但是等到后来，员工越来越多，一条原则已经不够用了。2001年，关明生来到阿里巴巴，这位曾经在美国通用电气公司工作了15年的高管深知企业价值观对于企业的重要性，因此，他刚入职阿里巴巴，第一件事就是问马云阿里巴巴有没有价值观。马云说有，但没有写下来，关明生坚持说一定要把企业价值观写下来、贯彻到员工中去。马云于是很认真地去思考了从1995年到现在，自己的团队在种种困境中坚持活下来的原因。他慢慢总结了九个原因：**群策群力、教学相长、质量、简易、激情、开放、创新、专注、服务与尊重**。

马云一如既往地把这九条价值观往金庸武侠小说上套，取名为"独孤九剑"。这是《笑傲江湖》中风清扬传授给令狐冲的武学精髓，令狐冲凭借这九招，往往能够逢凶化吉，击退来敌。马云的寓意非常明显：这九条价值观就是阿里巴巴的"独孤九剑"，阿里人正是凭着它们才一路冲杀到现在仍然屹立不倒："价值观念是一个公司安身立命的核心，我们有九大价值观，不是编出来的，而是自己积累出来的，每一个新来的员工都要从这里学起。……公司的价值观就像穿在珍珠里的那根线，跟珍珠相比，这根线最不值钱，但没有线，珍珠会掉得满地都是。"[①]

21世纪最初那几年，阿里巴巴聘请了很多员工，有高层管理人员，也有基层员工；有资历深厚的老员工，也有刚进入社会的年轻人。这么多员工凑在一起工作，马云发现问题来了，他觉得阿里巴巴简直成了动物园，有些人特别爱

---

① 华胜：《马云传奇》，中国经济出版社2009年版，第161页。

说话,有些人却只会埋头工作,有些人做事处事都有自己的一套,不轻易接受别人的建议,有些人对企业未来的发展坚持自己的看法,大家吵来吵去,从工作上到思想上都乱作一团。马云于是决定展开一次"整风运动",把"独孤九剑"彻底贯彻到所有员工当中去。很快,在外界环境最为恶劣、浮躁的形势下,阿里巴巴开始慢慢团结起来,走了一些不能认同马云的员工,剩下的都开始努力工作,为共同的目标而奋斗,从而渡过了一个又一个难关。

2004 年,为方便记忆,马云把原来的九条原则简化为六条原则:**诚信、敬业、激情、拥抱变化、团队合作、客户第一**。马云称之为"六脉神剑"。这种出自金庸《天龙八部》的奇异武功,能够通过调节自身的真气,将全身的力量集中在手指激发而出,如同一把利剑,制敌于无形,段誉就是靠它才能屡屡死中求生、险中逃命。

我们看到,这六条原则均是马云最为强调并且身体力行的六条原则。关于诚信原则,他特意"发明"了诚信通,为自己的客户建立诚信档案,甚至因为诚信的问题而辞退了自己一向颇为看重的人才卫哲。敬业和激情,马云称其为创业的最大资源之一,从创立中国黄页到阿里巴巴,马云靠的就是团队的敬业精神和激情。拥抱变化,更是马云的绝地求生的本能,他时时刻刻追求创新,就是希望通过创新来拥抱时代和环境的变化。关于团队合作,这一点的重要性不言而喻,没有团队合作,就没有阿里巴巴。客户第一,如前面所述,是马云"执政"的第一原则,也是阿里巴巴的第一使命。

2012 年,在阿里巴巴修"生"养性的一年,其中最为重要的任务就是进一步强调企业的文化价值观,打造企业的文化性格和气质,借助"软实力"来提升阿里巴巴的总体竞争力。2014 年,阿里巴巴公布了已探索好几年的合伙人制度,其用意主要在于传承和发展阿里巴巴的文化价值观念,以此为原则和标准发展、培养阿里巴巴的所有员工——无论是基层还是高管。

总而言之,阿里巴巴发展至今非常重要的一点就是马云彻底贯彻和执行了企业价值观，无论是独孤九剑还是六脉神剑，不同的只是称谓，核心精神是一致的，它虽然只是寥寥几句，但在阿里巴巴来看，却是最有价值的东西。

强调使命感

使命感使得每个员工将公司的事当作是自己的事情。只有在这样的使命感的驱动下，才会诞生今天的迪士尼、今天的丰田。[①]

一个人只有愿意为某种东西负责，才会产生使命感。对于某些人来说，活着就是他的使命；对于另一些人来说，为家庭而努力是他们的使命；还有一些人，自愿承担起为时代和社会奉献的使命，时代和社会的进步就是他们的使命。那么，对马云来说，阿里巴巴的使命是什么？马云通过作一个非常直观的比较提出了这个使命：

"现在名气最大的企业是 GE 通用电气。他们 100 年前最早是做电灯泡，他们的使命是'让全天下亮起来'，这使 GE 成为全球最大的电气公司。另外一家公司是迪士尼公司，他们的使命是'让全天下的人开心起来'，这样的使命使得迪士尼拍的电影都是喜剧片。而我们阿里巴巴在做这个决定的时候，我们的使命是'让天下没有难做的生意！'"[②]

"让天下没有难做的生意"现在已经成为很多人对阿里巴巴的第一印象。这种口号中所包含的普世情怀在无形中加深了人们对阿里巴巴的好感。对于

①　朱甫：《马云管理思想大全集》，海天出版社 2011 年版，第 103 页。
②　朱甫：《马云管理思想大全集》，海天出版社 2011 年版，第 102 页。

马云来说,这并不只是一句空洞的、为应付别人而提出来的口号,他一直在切切实实地往这个方向努力,督促阿里巴巴的所有成员为这个承诺而奋斗。他注意到,中国很多企业都没有明显的使命感,甚至连口号都没有,但是,在这个消费至上、顾客至上的时代,一个企业如果没有一种服务消费者的使命感,它终究不能做大、走远。使命感能够使一个人时刻知晓自己应该做什么,即使在最迷惘的时候,也不至于迷失方向。马云曾回忆起美国前总统克林顿跟他说的一件事:

"那天早上,克林顿夫妇请我们一起吃早餐,克林顿讲到一点,说美国在很多方面是领导者,有时领导者不知道该往哪儿走,没有什么引导他们,他们没有榜样可以效仿。这个时候,我问是什么让他做出决定,克林顿说:'使命感'。"①

使命感就是为自己的目标负责,它时刻提醒着人们为了实现目标应当如何做。其实,不仅是克林顿,很多普通人也会遇到前途迷茫的时候,有的人会借助榜样来指导自己,有些人却能够用自己的使命感来进行自我指导。在前一种情况下,可能会出现成功人士;但在后一种情况下,更有可能出现伟人,因为使命感会时刻提醒着你与目标之间的距离。如果这个目标是符合历史潮流与时代发展的,那么它将会造就一个真正的时代伟人。清晰的、明确的使命感是实现理想的原动力,但是更需要脚踏实地的努力,需要为每一个细节认真负责的态度。"让天下没有难做的生意"这个使命听起来是一种宏观的叙事结构,但是,马云很清楚,要贯彻这种使命感,需要的是最踏实的工作态度。

刚提出"让天下没有难做的生意"之后,它就成为阿里巴巴推出任何服务和产品的唯一标准。阿里巴巴计划推出一个免费的产品,工程师和设计师最初想把免费版搞得复杂一点,收费版再加以简化。但因为"让天下没有难做的

---

① 朱甫:《马云管理思想大全集》,海天出版社 2011 年版,第 103 页。

生意"这个使命，阿里巴巴一下子意识到，它的使命就是让客户的操作越来越简单，把麻烦留给自己。

对于马云来说，使命感就是驱使他不断去努力和拼搏的动力，也是不断促使他站在客户第一的角度来考虑最为细节问题的动力。"让天下没有难做的生意"，这个使命最为厚重，但却颇为飘缈，因为它没有一个衡量的指标，根本不知道一年过去了、十年过去了，自己离这个目标还有多远。但是，马云的想法是：虚事实做。

"我们这家公司，最值钱的东西是我们把使命感和价值观看得很重。从2001年，我们开始对使命感和价值观进行考核。每个季度进行考核，使命感和价值观是和奖金挂在一起的。有人说，软的东西怎么进行考核呢？我一直觉得'虚的东西做实，实的东西做虚'，这样才会成功。"[1]"文化是虚的，必须做实，必须考核，只有做实了，这个文化才值钱。"[2]

据说，在阿里巴巴的员工绩效考核中，关于使命感和价值观的考核占全部考核内容的一半之多，足见马云对这种"虚"的重视程度。马云的行事是名副其实的"倒立"逻辑，然而他所"倒立"的东西却往往是真正重要的东西。使命感或价值观对于凝聚人心、激发人的潜在动力具有非常大的作用。这样一种无形的力量，时刻追求着"实"的东西的人看不到，但是，对于能够虚实结合的人来说，却是最有价值的东西。

---

① 朱甫：《马云管理思想大全集》，海天出版社2011年版，第104页。
② 阿里巴巴集团：《马云内部讲话Ⅱ》，红旗出版社2013年版，第101页。

企业的 DNA：文化

文化信仰是文化的根源，是管理背后的理念和思想，这是这几年我花很多时间去思考的一个问题。阿里巴巴要发展，就必须要有一套管理思想，但是如果我们没有一种强大的、生生不息的文化作为源泉，就不可能产生这样的管理思想，那样麻烦就很大。①

马云提出，阿里巴巴要活 102 年。但是，他也很清楚，102 年已经超越绝大部分人的生命历程，那么，阿里巴巴靠什么来活 102 年？马云的回答是靠文化：

"'铁打的营盘流水的兵'。员工必须坚持理想、使命感、价值观，一代代地传承下去。像 DNA 一样，这个公司的人可以老去，但是这个企业的文化必须继承下去，一代代传下去，才能有不断的创新。"②

人生有限，最大的限制之一就是生命持续的时间有限，但是，为什么只有人类才能够创造出延续几千年的灿烂文明？另一大限制是生命活动的空间有限，但是，为什么地球上只有人类才能够创造出几乎遍及所有陆地的文化？《易经》说："观乎天文以察时变，观乎人文以化成天下。"只有人文才能够真正成为一种普遍的东西，也只有人文才能够使有限的人创造出无限的事业。这是真正能够使一样东西延续生命的秘密。马云把企业文化视为企业的 DNA，他看到，只有创造了这个 DNA，才能够使阿里巴巴的生命延续 102 年。因此，

---

① 阿里巴巴集团：《马云与员工内部对话》，红旗出版社 2013 年版，第 87 页。
② 朱甫：《马云管理思想大全集》，海天出版社 2011 年版，第 110 页。

对于他个人的使命来说,就是如何打造阿里巴巴的 DNA。关于这一点,他思考已久,而且也获得了一定的启示和经验:

"文化必须跟社会结合,就是先有使命再派生价值体系和价值观,有了使命和价值观,就必须要推出一个愿景,有了愿景以后制定战略,有了战略再创建组织架构,然后确定人才和文化,这是一整套的系统,我以前没理解,但这些年下来我越来越理解了,并且也做出了自己独特的一套东西。今天阿里不是东拼一块、西凑一块,我是有使命的价值管理,然后确定行为,并告诉员工一步步如何往下挺进。我们公司的文化就是四条八个字:开放、透明、分享、责任,而这八个字就是我对互联网的理解。"①

马云并不只是空洞地在讨论如何建立公司的 DNA,对于这套思想体系,他已经寻找到它真正的立足点和发力点:

"我自己在最近四年想了很多,慢慢形成了自己的一套东西,那就是我们的价值观或者整个价值体系。我提出了信仰这个概念,信就是感恩:感恩今天、感恩昨天,仰则是你对明天的敬畏,你对未知东西的敬畏。有了这个信仰,把它放到文化里面,就形成管理体系的价值核心,然后所有的管理都按照这个价值核心来设计。"②

信仰,在中文的表达中,既可以是一个名词,也可以是一个动词。对于马云来说,信仰是一个动词,它是在感恩今天和过去的基础上对明天的敬畏。只有始终保持对未来和未知的敬畏,一个人才会时刻感到自己生命的有限;正因为人的存在是有限的,所以他才有所知有所不知,因此才需要敬畏未知的东西。作为一个动词的"信仰",它要求一个人不断地由今天过渡到明天,去追求自己的使命所要求的东西和自己的价值观所设定的目标。马云在最高的层次上把信仰作为阿里巴巴文化 DNA 的核心,其实并不是否定其他的文化观念,

---

① 阿里巴巴集团:《马云与员工内部对话》,红旗出版社 2013 年版,第 102 页。

② 阿里巴巴集团:《马云与员工内部对话》,红旗出版社 2013 年版,第 87 页。

而是为其他的文化观念提供一种统一的力量,也为阿里巴巴凝聚一股最为长久的生命之源。

文化是一种虚的东西,这是很多生性务实的商人关于文化的一种判断,这种判断背后的潜台词是,虚的东西根本不值钱,至少不符合商业发展的逻辑。马云其实也清楚这一点,也正因如此,他才说出自己的真心话:

"我在五六年前就对做公司没兴趣了。我和经济学家和管理学家的区别在于,他们是做他们的学问,我们是用行动来改变世界。"①

文化是马云手中的"六脉神剑",他不是学者,也不是管理家,因此,他必须剑走偏锋,将学者或管理家写在书中的东西变成现实的力量,将改变世界的思想变成改变世界的行动。阿里巴巴就是走"剑走偏锋"之路,借助虚的东西,从别人意想不到的地方"斜斜"地刺出一剑,为我们这个时代的前进开辟了一条难能可贵的道路。

把"拥抱变化"变成文化

我们要让"拥抱变化"形成一种文化,形成一种胸怀。②

在阿里巴巴,"拥抱变化"是"六脉神剑"中的一脉,足以证明马云对这条价值观的重视。但是,"拥抱变化"却也是阿里巴巴员工最难接受的一条,马云深知这一点,他说:"'拥抱变化'最容易的借口是:你看你看,老板在为犯错误找

---

① 阿里巴巴集团:《马云与员工内部对话》,红旗出版社 2013 年版,第 102 页。
② 阿里巴巴集团:《马云内部讲话Ⅱ》,红旗出版社 2013 年版,第 96 页。

借口。"①一犯错，就说时势变化迅速，谁也不能保证全对，或者说，今时不同往日，往日看是对的事情在现在就变成了错的。这是人们经常为自己的犯错行为所找的借口。人本性好静，也正因此，我们都以为宇宙最开始是静止的；所以才有古往今来诸多物理学家、哲学家在为谁第一个推动了宇宙而烦恼。

但是，宇宙为什么一开始就不能是动的？为什么需要第一推动力？那些在绞尽脑汁寻找谁是第一推动力的人，似乎都没有察觉自己内心深处预设了世界最初是静止的。实际上，我们根本找不到世界最初是静的这个看法的根据：人的生命时时刻刻在变化、成长着；动物、植物也时时刻刻在成长着，就连石头会因寒暖交替、风雨侵袭而一直变化着。我们看到的世界，河水是长流不息的，日月是时刻不停的，气候是寒暑交替的，星空是日转月移的。没有一样东西是永恒不变的。因此，我们也就没有什么理由把变化、运动视为一种次要的东西，把静止视为一种主要的生命常态。

不知道马云是否也会作如此的思考，但有一点能够肯定的是，他自己改变了对待变化和运动的态度。他要求自己去拥抱变化，也要求自己的员工去拥抱变化，甚至要求员工适应领导"出尔反尔"的"变化"。其助理陈伟在《这才是马云》一书里以一种很诙谐的口吻说：

"阿里文化中有很重要的一条是'拥抱变化'，不但要'拥抱'外界的'变化'，还要'拥抱'领导改变主意的'变化'。马总是一个有错必纠的人，他常说：'我又不是神仙，发现错了再改嘛。

"有一回，一位副总裁对马总说：'马总，你今天跟我说的和上个月说的不一样。'

"'按照今天说的做。'马总开玩笑地说，'你应该高兴才是，因为你的老板我，比上个月懂得更多了！'知错就改，因为马总清楚，方向比努力更重要。"②

---

① 阿里巴巴集团：《马云内部讲话Ⅱ》，红旗出版社 2013 年版，第 92 页。
② 陈伟：《这才是马云》，浙江人民出版社 2011 年版，第 113 页。

马云关于"拥抱变化"的解释是:"变革是一定要来的,因为你去想,我们今天像个延安,一帮理想主义者聚集在这里,外面其实已经像铁桶一样:胡宗南的军队已经包围我们——外面的电子商务市场、搜索引擎、SNS 已经形成了大包围势头……大家记住,不是我们喜欢变革,不是我们善变,而是市场变化太快。记不记得盖茨以前讲过,任何软件不可能超过 18 个月? 今天任何公司能够红 18 个月就很了不起了,更别说一个产品。"[1]

马云把变化理解为一种变革乃至一种革命,实际上也把"拥抱变化"变成了阿里巴巴的一种文化品格。关于"革命",《易经》云:"天地革而四时成",天地只有不断地变化,四季才能够形成,万物才能够发展,因而"革命"是变化之根、生命之源,它要求拥抱变化、享受变化。把"拥抱变化"当作一种文化,也就是时刻准备着适应环境的变化,而且也要对自身进行"革命",后面这一点才是"拥抱变化"的核心所在,它远比适应环境的变化更难做到,但也更为重要。马云说:

"革别人的命是容易的,我们把 eBay 给革了,但革自己的命是最难的。而且我确实不否认管理层也好、决策层也好,都有过错误,做过一些愚蠢的决定。昨天打仗,今天撤回来,但是有一点要明白,你不变,一定死;变了,也许死,可说不定也就窜出来了。"[2]

从哲学层面来说,变化是一种本体,变化成就了事物本身,万事万物存在的根据就是变化,所以才有《易经》说的"天地革而四时成"。因此,把"拥抱变化"作为一种文化,不仅是一种有智慧的做法,而且也是真正领悟到文化的哲学内涵的做法。这是阿里巴巴成长过程中最重要的逻辑之一。

---

① 阿里巴巴集团:《马云内部讲话 II》,红旗出版社 2013 年版,第 96 页。
② 阿里巴巴集团:《马云内部讲话 II》,红旗出版社 2013 年版,第 97 页。

"政委体系"

现在，我们的合作伙伴知道跟阿里巴巴合作是不会给回扣的。在公司的采购上，我们在合同上同样写明了合作公司不准给回扣，哪怕只是一颗糖，你也得给我拿回去。如果发现哪个公司这么做了，那么我们永远不会再和它合作。我们相信，我们不需要进行桌下交易。①

在阿里巴巴，马云严格规范员工的不诚信或不规范的行为，容不得一丁点的歪风邪气。他非常重视企业的文化价值观宣传的问题，为此还特意成立了一个组织，专门负责一线员工宣传、强调和保证企业价值观的传承问题，这个组织同时还能够在业务和人力资源培养方面提供更快捷的支持和服务。他们深入到最基层之中，通过区域经理一级一级地连接起来，一直贯通到阿里巴巴的人力资源总监身上。人们把这套组织称为"政委体系"，他们对业务非常熟悉，能够在最前线就地关注员工的招聘情况和培训质量问题。

回扣的问题曾经一度困扰着马云，因为在他看来，这是企业内部的腐败现象。在其他许多公司或员工把拿回扣当作天经地义的时候，马云却把拿回扣"上纲上线"，认为它严重涉及公司的价值观和形象问题。虽然在艰难的时候，拿回扣对公司的发展能够提供一定的帮助，但马云下决心不需要这种帮助：

"在阿里巴巴最困难的时候，我们发现'回扣'的事很暧昧：给回扣我们公司能够活下来，不给回扣则有可能倒闭。于是我们公司在汪庄专门开了个会议，我们后来称之为阿里巴巴的'遵义会议'。当时我们做出了一个艰难的决

---

① 朱甫：《马云管理思想大全集》，海天出版社2011年版，第113页。

定：从今天开始，公司永远不给任何人一点回扣，如果谁给了回扣，就请离开公司。这个决定很痛苦，我们发现伟大的决定都是痛苦的，但痛苦的决定却不一定伟大。"[①]

这个痛苦的决定对阿里巴巴来说是伟大的，因为它保持了公司的形象，也净化了员工乃至客户的心。马云不仅对公司的回扣问题极度关注，而且也很关注客户请员工吃饭的问题。大客户来了说要请员工吃饭，究竟去不去？如果不去，那就是不给他们面子，如果去了，那似乎就是拿了回扣，即使吃饭用不了多少钱，但对于连拿一颗糖都容忍不下的马云，再少的钱也是钱，也是回扣，绝对拿不得。那怎么办？2012 年马云在集团 HR(人力资源管理)会议上针对这个问题进行了专门的演讲：

"我说第一，来是正常，见客户、请吃饭、喝茶一定要去的，怎么能够不去呢？但是谁要是拿东西，那就请护法。第二个，吃是花不了多少钱的，我们是不是考虑这样的政策，经理或者哪一级可以批掉吃饭的钱，吃不了多少钱。年终了，大客户来，我们请他吃顿饭，家常便饭，我们又不是去拼酒。人家是我们的客户，一定得我们付，这是纪律。慢慢在社会上形成这种氛围，大家说清楚。当年阿里巴巴的 AA 制多好，我们懂得分享、共同承担。今天我们跟客户是同样的道理。我们 AA 制，钱打到支付宝账号，文化和价值要落实到点滴之间，而不是宏观大论。所以淘宝的 HR、阿里巴巴的 HR，要把这个观点传递给大家。坦荡见客户，只要你跟进的，你怕什么，吃饭吃不了多少钱，该吃就吃，该请就请，该聊就聊，该怎么办就怎么办。"[②]

实际上，无论是回扣问题还是吃饭问题，不仅涉及员工的作风，还是一种文化价值观的问题。"客户第一"是"六脉神剑"的一部分，把客户放在第一位不仅仅是把他们放进脑袋里，也应放到具体的细节之中，任何有损客户利益的

① 华胜：《马云传奇》，中国经济出版社 2009 年版，第 167 页。
② 阿里巴巴集团：《马云内部讲话Ⅱ》，红旗出版社 2013 年版，第 179 页。

事情,无论大小,都是不能做的。这是阿里巴巴的"天条"。"六脉神剑"要剑走偏锋,不是走邪门歪道,而是走一条最为"正宗"和"正派"的道路,这条道路在这个浮躁的时代里已经被大多数人所忽略或抛弃,马云执着地走着这条在他们看来是"偏道"的道路,表面是剑走偏锋,实质是以最为"正派"的方式亮出自己手中的剑。

第十八章
修"生"养性

　　经过多年的发展，阿里巴巴经历了很多风浪，特别是在 2011 年，阿里巴巴先后经历了 B2B 诚信事件、支付宝股权风波、淘宝商城规则调整和淘宝反腐等重大事件。马云形容自己在 2011 年脸上被抓得一塌糊涂，受了很多皮肉之伤。但阿里巴巴越挫越勇，这一年也是阿里巴巴成长得最快的一年。但他也清楚，经历了这么多事情，是时候停下奔跑的脚步，好好反思一下了。2011 年年底，马云决定将阿里巴巴 2012 年新进员工从几千人减到 200 人，放慢脚步好好思考一下阿里巴巴为什么会变成现在这个样子，以及将来阿里巴巴会成为什么样子，他把 2012 年定位为修"生"养性的一年。所谓的修"生"养性，指的是"修建生态系统，养出我们的性格"，实质上这是从文化和思想层面对阿里巴巴所做的一次大反思、大调整。修"生"养性是马云再一次"逆向"的做法，也是他"剑走偏锋"的一招，它对阿里巴巴接下来的发展意义重大。

退市"休养"

就像当年上市是阿里巴巴发展的起点而不是终点一样,今天的私有化也绝不是终点而是一个新的起点。B2B 的同事们,全体阿里人,我们身上肩负的责任没有变,我们要继续服务中小企业,要真正实现"让天下没有难做的生意",我们就必须改变自己。①

2012 年 2 月,阿里巴巴集团向在香港上市的阿里巴巴网络有限公司(1688.HK)发出了私有化要约,准备以每股 13.5 港元的价格购买在外流通的股票,从而实现 B2B 的私有化,也就是退市。

关于阿里巴巴 B2B 业务退市,外界一直议论纷纷,各种猜测此起彼伏,大家"不约而同"地猜测退市与马云向雅虎回购股权的谈判有关。但是,不管这些猜测是否正确,马云希望通过退市来让阿里巴巴修"生"养性是退市的一大原因。自从 2007 年上市以来,阿里巴巴的 B2B 业务受到来自各方面的巨大压力,国际国内经济环境变得越来越严峻,国内中小企业面临的原料、汇率、劳动

---

① 阿里巴巴集团:《马云内部讲话Ⅱ》,红旗出版社 2013 年版,第 219 页。

力等成本增大。同时，尽管 B2B 业务的净利润仍然保持增长，但是营收的表现却并不突出，自从阿里巴巴执行"提高门槛，提升质量"的政策后，付费商户的数量出现下降现象。马云意识到，B2B 业务必须加快转型升级。但由于上市公司的架构影响，一直以来关于转型升级的决心不大，动作也不彻底。局部的小调整已经没有办法对 B2B 业务进行根本性的完善。因此，为了助推 B2B 业务加快转型升级，马云决定"退市"休养，他把 2012 年视为阿里巴巴"休养"的第一年：

"2012 年将是阿里巴巴集团实施'修生养性'战略的第一年，我们将全力修建开放透明、公正稳健的电子商务的生态系统。为了能够在未来形势下真正服务和帮助好中小企业客户，我们必须强调整个集团的各子公司之间的协调和配合。"①

主动退市"休养"对于任何一个公司来说都不是一种常见的选择。尚未出现严重的战略问题或经营问题的阿里巴巴，为了提升产业结构、调整员工的文化价值观念而决定"退市"，这无论如何都不是常人所能为。

然而急流勇退、居安思危一直以来都是马云的行事风格。如果等到局面无可挽回、无药可救再做出决定，那么肯定已经为时已晚、大势已去，而在做得最好的时候选择退出，则能够对未来的各种错误防患于未然，也能够积储更大的能量，以备再次出击。

关于修"生"养性，马云最大的动作之一是严格控制 2012 年的新进员工数量，以"消化"往年新进员工给企业所带来的管理、业务和文化价值观传承方面造成的压力：

"大家已经注意到我们今年全集团将只净增 200 名新同事的决定。2009 年金融危机，我们招聘了 5400 多名新同事，一直到 2011 年，每年有很多新同事加入了阿里巴巴。新同事们为公司很多业务的发展做出了很大的努力和贡

① 阿里巴巴集团：《马云内部讲话 II》，红旗出版社 2013 年版，第 219 页。

献。但同时也看到，大量新员工的加入，给我们的管理体系和业务系统以及价值观的传承带来了挑战，我们必须要给自己时间来消化，我们希望通过几年的内部完善，进一步提升我们的组织能力和员工能力。"[1]

在人事方面，修"生"养性的第二步就是通过干部员工轮岗交流机制来进行人才培养和发展，2012年首先对阿里巴巴集团20多名中高层管理干部进行轮岗交流。交流的目标是使干部的能力更加全面，并使企业内部人才的安排完善匹配。通过交流，马云希望能够达到对年轻员工的成长负责和对岗位负责的目标。

退市"休养"是马云的一个非常大胆也很"精辟"的决定，他似乎从来不用常规的方法来解决常见的问题，而是经常"剑走偏锋"，以一种令人意想不到的、甚至"小题大做"的方式来处理公司问题。但是，事实证明，他所做的"小题"实际上都并非小题，例如关于企业的文化价值传承这个很"虚"的问题，从来都不是一个小问题，未意识到这一点的人以为马云在"小题大做"、"剑走偏锋"，而意识到这一点的人则会欣赏马云的果断与利索。

修"生"之道

我们要让阿里人明白，我们要建立的是一个生态系统，而绝对不能建一个帝国系统。[2]

马云所说的修"生"指的是修建生态系统。从阿里巴巴的规模来看，我们

---

① 阿里巴巴集团：《马云内部讲话 II》，红旗出版社 2013 年版，第 221 页。

② 阿里巴巴集团：《马云与员工内部对话》，红旗出版社 2013 年版，第 122 页。

习惯性地把它称为电子商务的"帝国",但是,马云却很认真地区分了帝国系统与生态系统的不同。帝国系统意味着一种自上而下的管理体系,它依靠管理者的力量而把不同的部分连接起来,并依赖于一个权力集中的统治层的力量而生存。生态系统是一个有机的系统,是一种自然存在,是一种自组织,它不存在某种自上而下的统治力量,也不依赖某种人为的外力的控制。这个系统每个部分都相互联系,每个部分都必不可少,它们以一种自然生命的形式联结起来。帝国系统过于依赖统治者的能力,而生态系统则依赖整个系统自身的力量。

马云所欣赏的太极,就是一种依据天然自然之道的哲学,它涉及的就是自然生态的运转规律。马云希望通过太极拳的思想来助推阿里巴巴建立生态系统,太极拳拳拳相连,意气相生,体内真气相通,从而自然而然地产生出气场。但目前,阿里巴巴内部各部分都还没有相互有机地联结起来,子公司之间、部门之间、不同的业务之间还没有彼此贯通。

雅虎与阿里巴巴其他业务几乎是断裂的,最多只提供一些广告方面的支持;阿里云作为一种前沿科技,有点"高耸入云"之感,还没能很好地融入集团的其他业务中去。马云所试图打通的,不仅仅是集团内部各部分之间的关系,而且还有集团与外部企业的关系。他反复跟员工强调,不能把阿里巴巴定位为一家电子商务公司,因为公司作为一种独立的系统,与公司之外的其他公司似乎就不相贯通。他把阿里巴巴定位为一个平台,是所有中小企业都可以依赖并为其节省成本、提高效率的平台。它是中小企业乃至整个商业领域里面的一种"融合剂",把它们有机地融合在一起,共同形成一个巨大的有机体,这就是马云修"生"养性之"生"的意思。

具体而言,对于如何把阿里巴巴修建为一个生态系统,马云从宏观层面上提出了三个方面的内容:业务系统、管理系统和组织文化系统。其中如何建立业务系统最为关键,它也是马云思考得最多的问题。他说:"我想业务系统之间的建设，是一个巨大的系统工程，是一个生态系统工程。我们一直讲生态环境，决定生态环境核心的东西不是老虎，不是人，不是大象，而是微生物。我们今天要想想怎么构建起最底层的微生物。"[1]在业务系统中，马云最为关心的是如何打通 B2B 业务和淘宝业务，打通两者之间的关系将会对建立整个业务系统起到关键的作用。

第二步是建立管理生态系统。马云看到，在当下想要建立一个庞大的电子商务帝国已经不太可能，因为它需要一个既懂得阿里巴巴业务也懂得管理的最高权力掌控者，但马云却并不是这样的权力掌握者，他的股权并不大，对技术也一窍不通，至多只是一个管理者。因此他说："今天我们已经没办法找到一个人来管我们，但是我们可以建立一个巨大的管理系统。这个管理系统的建设，要利用 information（信息）、利用 data（资料）、利用价值体系、利用所有的 process（程序），关键是要有一套管理的理念和思想。"[2]一套合理的、"有机"的管理思想对于建立管理系统至关重要，而这套管理思想是马云多年来一直思考的东西，他的目标就是借助这套思想来贯彻阿里巴巴所有的管理工作。

第三步是建立组织文化系统。其实这一步很重要，因为建立管理系统很大程度上依赖于这个组织文化系统，文化价值观念本身就能够在最大程度上帮助企业管理，实现目标。"第三是我们如何建立一个组织文化发展系统。我讲的系统，不是一套软件，而是一个理念，是一个游戏规则，同时要加上技术力量。我们一定要把它做到，这是一个极大的创新。"[3]

马云的修"生"之道是一种很先进的思想，在他的想法里面，我们看到的似乎不再是一个普普通通的公司，而是一家自觉承担起一定的社会责任和使命的组织。它以帮助中小企业为目的，以"让天下没有难做的生意"为宗旨，以科学而合理的管理文化体系为治企理念，在"倒立"着看世界的马云的眼中，只有这样的企业，才能成为一家真正意义上的现代企业。

---

①②③　阿里巴巴集团：《马云内部讲话 Ⅱ》，红旗出版社 2013 年版，第 163 页。

养"性"之道

性格是什么？是一种文化，文化是要靠制度建设完善的。文化这个东西，我现在越来越觉得需要时间、需要制度去完善，需要把人性中的光芒的一面露出来。①

关于养"性"与阿里巴巴的发展，马云很巧妙地用了一个词：性命。性格与命运，性格决定命运。无论对一个人来说，还是对一个公司来说，性格都决定着命运。人的性格有比较大的一部分是与生俱来的，因此"江山易改，本性难移"。但是，马云认为，一个企业的性格是人为的，因而是能够改变的：

"集团的性格、公司的性格是有机会改善的。我们今天是在塑造一个很有意思的性格，我们可以完善、可以约束。人是上天造的，但是组织是我们人造的，我们就有机会把它改变。"②

一个人的性格往往体现在接人待物上，而且性格的"作用力"也主要作用在与他人的关系中。同样的道理，一个公司的性格也必然体现在对待员工、消费者以及那些关注公司本身发展的人当中，公司良好的"性格"就是在对待这些人时所持的科学而合理的制度以及文化价值观。对马云来说，阿里巴巴的养"性"有三方面的内容：一是透明性，二是公正性，三是稳定性。这三方面的内容涉及公司的所有员工、客户、股东等利益相关人与公司的关系。

第一种是透明性。马云说："我们今天一定要求透明性，至少要求变化之

①② 阿里巴巴集团：《马云内部讲话Ⅱ》，红旗出版社2013年版，第168页。

前,必须透明地告诉人家。跟员工透明,跟客户透明,跟社会透明,跟政府透明,非常透明。我希望在组织建设文化中,培养一个最重要的性,那就是透明性。"①

透明性其实与阿里巴巴所倡导的"拥抱变化"有一定的联系。要拥抱变化,那么就意味着有许多的决定、策略是临时作出的,而且作出之前往往不能及时向利益相关人公布。因此,强调建立公司制度的透明性能够很好地克服这个缺点。透明性对公众负责,尤其是对企业的利益相关人负责,只有把具体的种种决策过程、重要信息公开化、透明化,才能有效地避免各种腐败、暗箱操作问题的出现,为企业的发展提供一种很好的监督作用。

第二种是公正性,它直接涉及公司员工的利益。马云说:"所以我觉得我们要养的是'公正性',我们没办法解决淘宝上面谁发了,谁不发了,但是我们能够让他们进来的时候是一样的。我们说到做到,假如说我们所说的跟我们所做的不一样,告诉我们,我们来修正。"②

马云非常关心员工的成长,他希望自己能够尽力做到给每一个员工提供公平、公正的发展机会,为员工的成长而努力。阿里巴巴有一项规定,员工必须工作满三年以上才算得上"阿里人";员工入职三年之后,公司就必须开始考虑员工的晋升或调动问题;入职五年之后,员工成为"阿里橙","阿里橙"是阿里巴巴的主力员工,马云对他们寄托了很多希望:"5 年阿里橙,以前不容易,以后可能更不容易。5 年阿里橙最主要的职责,我希望你们把前 5 年的痛苦经历,分享给新来的同事。5 年阿里橙从今天就要开始带新人,不仅仅是技术,还有做人的道理。"③马云一直强调自己要为员工的成长负责,如果可以通过制度来保证员工有平等的成长机会,那么,这无疑是最为负责的一种表现。

---

① 阿里巴巴集团:《马云内部讲话Ⅱ》,红旗出版社 2013 年版,第 169 页。
② 阿里巴巴集团:《马云内部讲话Ⅱ》,红旗出版社 2013 年版,第 170 页。
③ 阿里巴巴集团:《马云内部讲话Ⅱ》,红旗出版社 2013 年版,第 33 页。

　　第三种是政策的严肃性和稳定性。马云虽然一直强调"拥抱变化",但是他很清楚,在小的方面以及应对内外部环境方面需要"拥抱变化",而在大的方向、特别是公司的战略和大政策方面,却不能轻易变化,不能朝秦暮楚,因为它们涉及的是客户和员工的利益。"什么叫政策的稳定性和严肃性,我提一个建议,以后任何的政策,涉及客户利益和员工利益的政策,出来至少三年,三年内不能改。我们制定的时候要严肃,这个笔签下去的时候,就知道三年内不能改。要改的话,按照流程要开听证会了,这个就复杂了,改的成本非常大。我们要保持政策的相对稳定性。"①

　　"只抓一只兔子"就是阿里巴巴政策稳定性的最经典表现,政策的稳定性能够给客户和员工带来安全感,只有这样才能获得他们的信任与依赖。这是一个企业应当拥有的性格。

　　关于修"生"养性,马云的要求是"少做、做好、做通"。少做就是无为而治,确定了基本的策略就执行到底,尽量避免随意改动,这无论是在政策方面,还是其他制度乃至修"生"养性这个大调整方面,都是应当遵循的原则。做好,也就是把该做的事情认真做好。做通,也就是融会贯通,打通各个关节,形成自己的"气场"。对于马云来说,这些颇具理论色彩的概念和想法似乎蕴含着无穷的力量,它们将会在很大程度上决定着未来阿里巴巴的成长。在马云的设想中,在不久的将来能够激发起阿里巴巴的新活力和能量的东西,不是实的东西,而是虚的东西。

---

　　① 阿里巴巴集团:《马云内部讲话Ⅱ》,红旗出版社 2013 年版,第 170 页。

我守我界

太极拳的另外一个观点，我守我界，你到我份额（地盘）里面，我把你打死，这（地盘）就是（在我身边）两米之内（的空间），这是我的界限。①

"我守我界"把马云"只抓一只兔子"的观点提升到了文化层面。马云感叹国内有些专家之"专"让人诧异，上至国际关系、人类道德，下至电子商务乃至一个小小的产品都可以做出一番高屋建瓴的评价。但是，马云以自己对电子商务行业的了解，发现他们对电子商务的评价简直"不堪入目"。反思之后，他提出，人必须要守住自己的界线，不要轻易地跨界插手干别的事情，因为这就会像那些专家一样，在行家面前装行家，结果被人笑话。对马云来说，他的"界"始终是电子商务：

"在电子商务领域里面，对客户我们要认认真真，我守我界就是这个想法。在电子商务行业里面，帮助企业赚钱，帮助消费者获得利益，这个是我们的核心。所以我想跟大家讲，这一条'我守我界'，建立三大系统是关键，这是非常重要的。"

"我守我界"就是专注于自己的领域之内，为这个领域尽心尽责，这样才能尽到自己对人类历史的贡献和责任。这是马云曾经做出的哲学思考。他曾经到过澳洲的沙漠地带，在格林尼治第一次真正感觉到何为星空。在浩瀚无边的星空中，银河系只是其中一小点，太阳只是银河系里的一小点，地球是太阳系里的一小点；而人，无论在时间跨度上还是空间占有上，都不过是瞬间的"一

---

① 阿里巴巴集团：《马云内部讲话 Ⅱ》，红旗出版社 2013 年版，第 167 页。

小点"。他由此想到，人往往高估了自己，以为自己很伟大，以为自己做了一些社会贡献就已经了不起了。但是，相对于宇宙，人类简直渺小到可以直接忽略。他说："但是我们都是这个社会进步过程中的一个很小的因素而已，我觉得谁也改变不了历史，谁也改变不了人类，你提供的只是在人类历史中的一丁点贡献。"①

也正因此，马云觉得一个人在自己的有生之年，我守我界，把自己该做的事情做好就已经够了。个体太渺小，宇宙的时间和空间过于庞大，一个人的生命不可能承担得起整个宇宙，对自己负责就是尽到生命的责任了：

"照顾好自己，照顾好亲人，照顾好你边上的朋友、同事，照顾好那些相信你的人。那些不相信你的人，你不认识的人，你也做不到。由于你做的这些事情，顺便帮了人家，你觉得很好。你别自己这些人都没照顾好，先想着要去改变别人对你的看法，太累了。阿里巴巴两三万人，咱们把这些人先照顾好，踏踏实实地，把对阿里巴巴相信、信任，并且坚持一路跟你在一起的人，照顾好。"②

2012年时，马云差两岁就到五十岁了。在他的言语之间，已经有一种四十而不惑、五十而知天命的味道，少了年轻人的一份浮躁，多了中年人的一份沉静。

实际上，阿里巴巴自成立以来，一直都是"我守我界"。它心无旁骛，始终紧盯着自己那一只兔子，在自己的领域内做强做大，为数以百万计的人们提供了直接或间接的就业机会，也为千千万万的中小企业提供了更好的发展平台，为中国电子商务行业的成长和发展做出了重大的贡献，也为互联网行业的成长和发展探索出一条重要的发展道路。阿里巴巴的成长始终保持同一个姿势、追求同一个目标，在自己"寻宝"的过程中成为这个领域的最强者。星空虽

① 阿里巴巴集团：《马云内部讲话Ⅱ》，红旗出版社2013年版，第166页。
② 阿里巴巴集团：《马云内部讲话Ⅱ》，红旗出版社2013年版，第167页。

然浩瀚，宇宙虽然庞大，个体虽然渺小，但是反过来看你或许能够发现，其实星空也好、宇宙也罢，它们只不过是一些被动的客体。而人有主观能动性，有思想灵魂，也只有人才能够以有限的个体承担起远比这个个体沉重得多的责任和使命。

第十九章
道可道，非"常"道

马云一直认为，自己一直在做的是从商之道，而不是从商之术。道与术，一个是哲学层面的概念，一个是器具层面的概念。古语云：形而上者谓之道，形而下者谓之器，马云的从商之道确实颇为"形而上"。因为对他来说，道可道，非常道，那些能够真正行得通的道路永远不是普通人眼中的常规之道，而是非常规之道，只有这种非常规之道，才能够造就非常规的成就。

赢在细节

你要想赢，一定是细节取胜，细节是 Devil，是魔鬼，立刻做、马上做、完善它。①

马云曾提出一个命题：赢在细节，输在格局。他非常注意对细节的把握。一个项目做得好不好，往往跟细节有关；它是否能够在激烈的竞争环境中胜出，也跟它在细节方面做得好不好有非常大的关系。细节就像一座建筑中的装饰，有的建筑很高大，外表很雄伟，但是一进去，却发现里面空空如也，什么都没有，那么这座建筑的魅力肯定有限。一座建筑即使外表一般，但如果里面的装饰精致、细微，充满着艺术气质，那一定会有很多人喜欢它。细节往往能够决定人们对整个事物的看法，把握好细节，很多大的问题也就会迎刃而解。马云举了一个美国的例子：

20 世纪 90 年代初，纽约非常乱，动不动就发生杀人放火的大案件，一年会发生 2700 多起谋杀案，几乎每天都有枪杀，纽约的警察为此忙得不可开交，每天都要抓大案子，但每天仍然有大案子发生。后来新市长朱利安尼上台，他不

---

① 阿里巴巴集团：《马云内部讲话 II》，红旗出版社 2013 年版，第 150 页。

去抓大案子,而是抓小事情,把那些在街头喝酒、卖小毒品、打架的人全都抓进监狱中。慢慢地,大案件越来越少了。其中的原因是,大案件都是由小事情引发的,把细节处理好,大事件也就不复存在了。

这就是赢在细节的原因。马云说:"事实上网站就是靠体验,靠点点滴滴的服务,每个人手上的点点滴滴,每个程序员手上的点点滴滴,每个编辑上的点点滴滴。"①正是这些点点滴滴,能够让整个网站显得更为人性化,使用起来更加方便简易。马云始终强调,任何一个网站都要面向最普通的群体,越简便越好,这些简便其实就体现在网站最细微的一些设置上。人性化、生活化、日常化的一些细节带给使用者的是一种亲切而温暖的感觉,赢在细节,所要赢得的就是这种感觉。

但是,并不是每个人都天生注重细节。太多人眼高手低,好高骛远,不关心细节。那么,对细节的把握是怎么练出来的?马云说:

"什么叫细节?我给大家讲个例子,我的朋友刘国梁,打乒乓球大家都知道,冠军,那哥们的细节太神了,他球一发,球拍一放,你基本上就没了,你就死掉了。细节是怎么练出来的?他说球网上加了这么小一个缝,刚好一个球塞得进去,他一发,球从里面钻过去,连发三个,全穿过。天赋?什么天赋,你练一千次,他练两万次,这是细节!"②

只有通过长时间的练习和关注,你才会注意到工作上的细节。实际上,它需要的不是什么特长或天赋,只需要踏踏实实的工作态度和认认真真的工作作风。只有脚踏实地了,才会发现地上的坑洼在哪里;如果心浮气躁,那么走几步就会被藏在某个地方的石块绊倒,摔得你体无完肤。

2006年5月10日,淘宝网推出"招财进宝"增值服务,马云对这个增值服务寄予厚望,希望它能够成为一种新的商业模式,并影响阿里巴巴以后的五年

---

① 阿里巴巴集团:《马云内部讲话Ⅱ》,红旗出版社 2013 年版,第 109 页。
② 阿里巴巴集团:《马云内部讲话Ⅱ》,红旗出版社 2013 年版,第 150 页。

甚至十年。虽然这个产品设计得很好，但是有一个细节大家都没有注意到。5月10日招财进宝正式启动，聚焦了大批的消费者和媒体记者，大家都习惯地以为这是一场免费促销之类的活动，但没想到招财进宝却是要收费的，这导致了大量卖家的反对，最后这个产品不得不被取消。这个过程中，阿里巴巴相关创作团队都把精力放在产品的设计方面，而忽略了跟卖家做好沟通，提前让他们知晓产品需要收费。这只是一个沟通的细节，结果却因为被忽略了而导致失败。马云对这次失败的总结是：

"今后推出新产品，在座所有的干部都记住，晓之以理、动之以情、诱之以利、绳之以法，这四步都不能少。一上手就绳之以法这问题就大了，所以说我们在这里面学到了一课。我们要感谢淘宝的团队，没有这个事件，也许阿里巴巴三年五年以后还会犯这个错。"①

"晓之以理，动之以情"讲的就是对细节的注重。考虑到事情的全部细节问题，在与客户沟通的时候注意以理服人，以情动人，只有这样，才是真正做到重在细节，从而赢在细节。

"苍生大医"

我希望大家知道这不是一份工作，因为你的每一个程序，你的每一项功能，你的每一条编辑真正影响到别人的家庭，影响到别人的收入，影响到别人的企业能不能生存、能不能发展，我们真正做企业，就要真正帮助别人生存。②

---

① 阿里巴巴集团：《马云内部讲话Ⅱ》，红旗出版社2013年版，第26页。
② 阿里巴巴集团：《马云内部讲话Ⅱ》，红旗出版社2013年版，第109页。

马云的助理陈伟在其著作《这才是马云》中说到，马云 2009 年 7 月到缙云山闭关禁语所获得的一个心得是：中国古代"药王"之所以是孙思邈而不是李时珍等其他人，不是因为孙思邈医术最高，而是因为他医德最高。他在《大医精诚》中说道："凡大医治病，必当安神定志，无欲无求，先发大慈恻隐之心，誓愿普救含灵之苦，若有疾厄来求救者，不得问其贵贱贫富，长幼妍媸，怨亲善友，华夷愚智，普同一等，皆如至亲之想……"①意即，伟大的医生治病时，会将所有病人看作自己的至亲而予以关照，而不会因他们的贵贱贫富等一切外在因素而区别对待。这样的医生，即使他的医术不是最高的，也是真正的苍生大医。

马云很关注商道，而不只是关注商术；他自称为企业家，而不希望只是一个商人。商道以责任感、使命感和价值观来引导企业，而商术只是靠技巧来管理企业。企业家不以赚钱作为自己的第一目标，而是以履行社会责任感、促进社会进步为第一目标。关于这一点，马云曾多次回忆起自己亲身经历的一件事：

"在 7 年前（2002 年），达沃斯在讨论社会责任感的时候我不知道他们在讨论什么。心想这些老外，钱都没有赚回来搞什么社会责任感。后来越听越明白。3 年前（2006 年）在一次新闻发布会上，有两个老外化装成记者，突然向我扑了过来。他们怒气冲冲地说，我要抗议！反对淘宝上卖鱼翅。当时我也很冒火，但最后承诺我个人不吃鱼翅。后来我们就在淘宝上封杀鱼翅，阿里巴巴上不能卖鱼翅。这个政策，得到年轻人的支持，也得到了网友的支持，业界也给予了高度评价。如果你希望你的企业有未来，就请关心环境，关心社会，这个企业才能走得远。制定公司政策不是为了取悦员工、取悦客户，而是为了做正确的事。"②

---

① 转引自：陈伟：《这才是马云》，浙江人民出版社 2011 年版，第 107 页。
② 朱甫：《马云管理思想大全集》，海天出版社 2011 年版，第 63 页。

实际上，马云一直把"做正确的事"作为自己创业治企的重要原则。成立阿里巴巴，他最大的愿望就是"让天下没有难做的生意"，认为做企业就是要帮别人生存。生活在民营企业最为发达的浙江，马云对中小企业的艰难困境有最为直观的了解，因而在自己的创业初期，一切工作的"终极目的"都是为了帮助中小企业生存：

"10 年以前我们十几个人的时候，那时候没有销售，18 个人当中，可能我是最了解创业者，了解这些小企业的痛苦的。所以我们设计那时候的 offer，无论中文站点还是英文站点，一切围绕着小企业能拿到订单、能够生存下去在做，努力帮它们渡过难关。"[1]

根据 2014 年阿里巴巴所提交的招股书显示，截至 2013 年 12 月 31 日，淘宝、天猫、聚划算三大平台的全年商品交易总额（GMV）为 15420 亿元人民币（2480 亿美元），拥有 2.31 亿个活跃买家和 800 万个活跃卖家；"中国零售平台"上共产生 50 亿个包裹（中国快递行业在 2013 年递送了 92 亿个包裹，根据中国国家邮政总局数据，阿里巴巴占 54％）；31 家物流合作伙伴雇佣人员超过 95 万（2013 年 4 月由阿里巴巴物流合作伙伴提供的数据），有 98 万用户直接或者通过第三方间接使用云计算服务，超过 4000 家零售运营合作伙伴，小微贷款服务的贷款对象超过 34.2 万个。[2] 截至 2013 年 6 月，淘宝和天猫上的商家共雇佣约 970 万人。此外，来自物流、营销、咨询、运营外包、培训及其他专业服务的各类供应商提供就业机会 200 万个。[3]

这些数据显示出马云为整个中国社会和互联网产业所带来的价值已经举足轻重。然而即使是这样，却还没有达到马云的目标。2009 年阿里巴巴十周

---

[1] 阿里巴巴集团：《马云内部讲话Ⅱ》，红旗出版社 2013 年版，第 108 页。

[2] 新浪科技：《阿里巴巴集团 IPO 招股书概要》，2014 年 5 月 7 日，http://tech. sina. com. cn/i/2014-05-07/06199363300. shtml。

[3] 新浪科技：《阿里招股书详解：从公司运营到生态运营》，2014 年 5 月 7 日，http://tech. sina. com. cn/i/2014-05-07/06319363317. shtml。

年庆时,马云发表了马云版的"我有一个梦想"的演讲,其中说:"未来 10 年,去帮助 1000 万家企业生存、成长和发展,创造 1 亿个就业机会,为 10 亿人提供真正价廉物美的平台。"①

这是作为"商人"的马云的梦想,但在这个梦想里面,我们却寻找不到商人的任何痕迹,因为这个梦想所要追求的是一种社会价值与责任的创造与实现,也是一种个人使命感的履行。如果说从商有"道",那么,马云所走的是一种非"常"之道;如果说从商者中也有"大医",那么马云无疑是一个"苍生大医"。这并不是对马云取得的成就的评价,而是对于他的梦想与行动的评价。不可否认,这个世界上或许有人比马云更"牛",但是,就因为他那一份赤诚的助人之心以及为实现梦想而永不放弃的毅力,我们有充分的理由认为,他在不久的将来有足够的能力成为那一位走行在商业世界的"苍生大医"。

止于大盛

这 14 年来,阿里的业绩让我骄傲,但更让我惊喜的是阿里人的成长。阿里独特的文化造就了大批有独特魅力的阿里人。作为创始人 CEO,退让 CEO 是个不容易的决定,因为这容易造成误解。特别是我这个年龄,还是常规意义上年富力强的时候。我绝无偷懒之想法,尽管当阿里巴巴 CEO 绝非易事,我是看到阿里年轻人的梦想比我更美,更灿烂,他们更有能力去创造自己的明天。②

---

① 陈伟:《这才是马云》,浙江人民出版社 2011 年版,第 145 页。
② 阿里巴巴集团:《马云内部讲话Ⅱ》,红旗出版社 2013 年版,第 232 页。

2013 年 1 月 15 日，马云在给阿里巴巴员工的一封邮件《阿里巴巴是个快乐的青年》中，正式宣布关于自己退让 CEO 的决定。他称期待写这一封信已经很久了，一直等到今天。在信中，他决定于淘宝十周年庆之日即 2013 年 5 月 10 日起，不再担任阿里巴巴集团的 CEO 一职，卸任后将全力以赴做好集团董事局主席全职工作。

2013 年的马云还差一岁才达到 50 岁，这个年龄还是人生的黄金时段，是到达事业巅峰的时段。但是，马云为什么在此时宣布退让 CEO？

早在一年之前，2012 年 1 月，马云关于退让 CEO 的决定似乎已经有所暗示了。在一次集团 HR（人力资源管理）会议上，他意味深长地说："我是 60 后，60 年代那帮人。人要知天命，我知天命了。我尽最大的努力为这个公司服务。接下来轮到 70 年代的人……70 后、80 后成为主力军，那是趋势，没办法的。我们提前十年做好这个 team（团队），才能迎接未来。60 年代的人要体会后面的那个韵味。我就在找自己的位置，在外面，希望通过我自己的方式，能够让公司的功力增长。如果我自己发了疯地来抓，一定会抓坏，因为我抓的是 60 年代的事情。"[①]

创业在任何时代都是一项艰巨的任务，因为它是在寻找一种符合未来十年、二十年甚至更长时间的东西，它需要的是对时代发展的先天直觉以及对历史规律的本能掌握。创业意味着把一种前所未有的梦想付诸实践，并在实践中实现，它要求与时代发展相符合的激情与勇气。阿里巴巴是马云在十四年前通过自己的激情与勇气创造出来的，他敏锐地捕捉到了他年轻时的那个时代的某一种细微的征兆和变化，也在冥冥之中掌握了历史发展的规律。他凭借着自己尚未"知天命"的优势大胆地去猜测世界未来的样子，通过想象力和创造力去"还原"未来，通过倒立的方式在旧世界里面找出新世界的影子。最终，他"稀里糊涂"地成功了，把自己心中的帝国雏形创造了出来，实践和履行

[①] 阿里巴巴集团：《马云内部讲话 II》，红旗出版社 2013 年版，第 175 页。

了自己的社会责任和历史使命。

孔子说:四十而不惑。这是一个很深刻的判断。不惑就意味着已经看清楚自己与这个时代的关系,把哪些是可能实现的事情,哪些是不可能实现的事情看得一清二楚。但是这样一来,反而不敢去挑战时代、"逆袭"历史了,因为得失都已了然于心,也就再无真正的创造力和"还原"未来的那一份灵气。人生要止于大盛,道理莫过于此,大盛之际,必然是"不惑"之际,如果再作留恋,只会从高处摔下来。关于这一点,马云看得很清楚:

"记住,字画中最漂亮的一笔,一定不是最后点下去的那笔,而是中间转变的那一笔。这是人生中最有意思的。很多人爬山,爬到山上,滑下来那一刻是最美的,但是很多人死活不肯下来,结果摔了下来。"①

马云不愿做摔下来的那一位,但他更不愿意做阻挡新一代年轻人继续往上爬的"拦路石"。新一代尚未"不惑"的年轻人有着自己当时的那份激情与勇气,也有着对新时代、新事物的预感和领悟的能力。阿里巴巴不是一座只有 10 年这个"高度"的山峰,因而不能止于 10 年就开始修下坡路,它至少要走 102 年。人有大盛之时,但事业却不一定有大盛之际,只有人懂得止于大盛的道理,那么事业的大盛之时就永远在前方,它将永远继续攀升更高的山顶,这是马云清醒的认识:

"各位阿里人,阿里立志发展 102 年,我们还有 88 年要走。没有健康、良好的年轻人接班制度,我们很难想象我们会走到那一天。今天只是我们未来 N 次领导者轮岗换班中的第一次。今天的阿里巴巴已经有这样的能力、实力和责任做好接班人制度的建设。而且我们必须有这样的能力。"②

道可道,非"常"道,常道有常规,非常之道则有非常之规,它需要的是剑走偏锋的灵气与勇气,止于大盛,就是这样一种灵气与勇气。

---

① 阿里巴巴集团:《马云内部讲话Ⅱ》,红旗出版社 2013 年版,第 175 页。
② 阿里巴巴集团:《马云内部讲话Ⅱ》,红旗出版社 2013 年版,第 233 页。

阿里巴巴：一件艺术品

阿里巴巴是一个艺术品，我们是艺术家。[1]

马云自述，一次他去东阳看木雕大师的作品，感觉到很美，就问大师花了多少时间才把它雕出来，大师说：两万工。"工"是他们行业特有的衡量尺度，指的是一个人一天的工作量。马云听言，突然醒悟，他认为，自己也是搞艺术的，阿里巴巴就是一件艺术品：

"我们每天用两三万的工，在做一件巨大无比的艺术品。这是一个行为艺术品，影响时代和社会，帮助我们自己成长。如果昨天也是这样的工，今天也是这样的工，那是木匠。不思考不能成长，一定会被别人取代。"[2]

还有一次，马云也把阿里巴巴比喻为一种艺术品，那次是马云看完画家吴冠中的画展后所说的："我现在认为，画家玩的是定格在纸上的艺术，导演的艺术则固化在了胶片里，而我们做的是'行为'艺术。"[3]

艺术属于美的范畴，关于什么是美，最为经典的回答是：人类本质力量的对象化。哲学家黑格尔曾经有一个很形象的比喻：一个小男孩把手中的石块投到湖里去，他会陶醉于那激荡起来的涟漪，因为在他看来这就是美。当人把自己的力量对象化为一种客观的东西的时候，他就是在创造美，他的行为也就是艺术的行为。

阿里巴巴最初是马云及其他十七位早期创业者的本质力量"对象化"的结

---

[1][2]　阿里巴巴集团：《马云内部讲话Ⅱ》，红旗出版社 2013 年版，第 175 页。
[3]　陈伟：《这才是马云》，浙江人民出版社 2011 年版，第 112 页。

果,它凝聚了他们的心血与汗水,同时也凝聚了他们的思想和灵感。后来,阿里巴巴成为所有阿里人的艺术作品,正是他们对马云的信任与支持,大家才能够凝聚在一起,共力"拧"成一股力量,每天用几万"工"来共同雕塑这个时代的艺术品。艺术家的本质是创新与想象,创业者的本质同样也是创新与想象。艺术家为了艺术而创造,创业者为了价值而创造。但是,他们共同的目标都是创造一种能够反映美——合乎存在的规律的东西——的艺术品。在马云看来,技术与艺术的不同之处在于:

"只会画画不是艺术,画乃技也,唱歌,技也,歌技、舞技,这是技术。要成为艺术,要对人心灵、行为有很大改变。阿里这个作品正在让很多人的心灵和行为发生改变,这叫艺术。"①

阿里巴巴让生活在网络时代的我们发生了很多改变,阿里巴巴的 B2B 平台已经成为中小企业越来越依赖的一个平台,网购已经成为我们日常生活中离不开的一部分。网络是一个"谁也不知道电脑对面坐着的是不是一条狗"的东西,但是,网上交易让这些不知道对方是不是一条狗的人们彼此间产生了信任,也让社会多了一份诚信与和谐。马云曾经对这一点深为感动:

"我从没想过在中国,在许多人认为是一个缺乏信任的时代,居然你会从一个你都没有听见过的名字,比如'闻香识女人'这样的人身上,付钱给他,买一个你可能从来没见过的东西,经过上千上百公里,通过一个你不认识的人,到了你手上。今天的中国,拥有信任,拥有相信,每天 2400 万笔淘宝的交易,意味着在中国有 2400 万个信任在流转着。"②

通过阿里巴巴,在中国不仅每天有数以百万计的信任在流转着,而且也有上千万个中小企业获得了继续生存下去的资源与力量,有无数的年轻人因此获得了一份工作。正因为为社会带来了不可思议的改变,创造了不可思议的

---

① 阿里巴巴集团:《马云内部讲话Ⅱ》,红旗出版社 2013 年版,第 176 页。

② 阿里巴巴集团:《马云内部讲话Ⅱ》,红旗出版社 2013 年版,第 208 页。

价值，产生了不可思议的经济效益，阿里巴巴成了一件艺术品，而且它不是一件已经完成的艺术品，它还在继续地创造着自身：

"我想告诉每个在这里的人，阿里巴巴在做一个旷世杰作的艺术品，这件艺术品就像我们的人生，就像今天的巴黎一样，是一个不断的积淀。阿里巴巴整个发展的历史是一件艺术品，而不是阿里巴巴画好以后的东西。"[①]

在 20 世纪 90 年代末，当马云倒立着看世界的时候，他并没有找到自己需要的答案。虽然世界颠倒在他的眼前，但是这个颠倒的世界并没有立刻形成一个新的世界。他看到的毋宁说是一幅抽象画，似乎没有任何逻辑在里面，它就像一个迷宫，会让你的视线模糊，让你的心灵迷惑，让你的步伐犹豫不前。但是，马云勇敢地走出了第一步，走进这个时代的迷宫里，凭借着自己"倒立"的逻辑，一步一步地走了过来。今天，或许他仍未完全看清或理解这个"倒立"着的世界，但是，至少他已经用自己的逻辑创造了一个属于自己也属于这个时代以及未来时代大部分人的一件艺术品——阿里巴巴。

---

① 阿里巴巴集团：《马云内部讲话 II》，红旗出版社 2013 年版，第 176 页。

图书在版编目（CIP）数据

道可道·非常道：阿里巴巴的倒立逻辑 / 陈广思，
陈斐斐著 . —杭州：浙江大学出版社，2014.10
ISBN 978-7-308-13913-7

Ⅰ.①道… Ⅱ.①陈…②陈… Ⅲ.①电子商务—网
络公司—商业企业管理—研究—杭州市 Ⅳ.①F724.6

中国版本图书馆 CIP 数据核字（2014）第 226047 号

道可道·非常道

——阿里巴巴的倒立逻辑

陈广思　　陈斐斐　著

责任编辑	杨　茜	
封面设计	周　灵	
出版发行	浙江大学出版社	
	（杭州市天目山路 148 号　邮政编码 310007）	
	（网址：http://www.zjupress.com）	
排　　版	杭州中大图文设计有限公司	
印　　刷	浙江印刷集团有限公司	
开　　本	710mm×1000mm　1/16	
印　　张	15.5	
字　　数	205 千	
版 印 次	2014 年 10 月第 1 版　2014 年 10 月第 1 次印刷	
书　　号	ISBN 978-7-308-13913-7	
定　　价	42.00 元